この本の使い方

❶ この本は全部で18回あります。
好きな科目の１から順番に取り組みましょう。

❷ １回分が終わったら，別冊《べっさつ》の『解答《かいとう》・解説』を見て，自分で○をつけましょう。

❸ ○をつけたら，下の「学習の記録」に，取り組んだ日と得点《とくてん》を書きましょう。

❹ 得点の右にあるめもりに，得点の分だけ好きな色をぬりましょう。

		10	20	30	40	50	60	70	80	90	100
(例)	85 点										

学習の記録

	取り組んだ日	得点	10	20	30	40	50	60	70	80	90	100
算数１	月　日	点										
算数２	月　日	点										
算数３	月　日	点										
算数４	月　日	点										
算数５	月　日	点										
国語１	月　日	点										
国語２	月　日	点										
国語３	月　日	点										
国語４	月　日	点										
国語５	月　日	点										
理科１	月　日	点										
理科２	月　日	点										
理科３	月　日	点										
社会１	月　日	点										
社会２	月　日	点										
社会３	月　日	点										
英語１	月　日											
英語２	月　日											

英語に取り組んだら に顔をかきましょう。

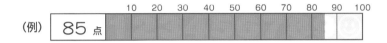

算数 1 確認《かくにん》テスト

学習日　　月　　日

得点　　／100点

1　次の計算を筆算でしなさい。(各５点)

① 5.91×7.03　　　② 6.28×2.5

2　次のわり算をしなさい。①はわりきれるまで計算し，②は商を小数第一位まで求め，あまりも出しなさい。(各５点)

① $4.8\overline{)\,1\ 3\ 2}$　　　② $0.9\overline{)\,5.0\ 8}$

3　次の計算をしなさい。(10点)

13.7−0.84÷0.6×1.05+2.47

4 けんじさんとよしみさんの小学校では，春に算数のテストが8回ありました。次の問いに答えなさい。（各10点）

1 けんじさんの1回目から5回目までの平均点《へいきんてん》は72点，6回目から8回目までの平均点は80点でした。けんじさんの1回目から8回目までの平均点は何点ですか。

2 よしみさんの1回目から7回目までの平均点は72点でしたが，8回目のテストを受けたあと，平均点は74点になりました。8回目のテストで何点をとりましたか。

5 今年のA町の人口は15300人で，人口密度《じんこうみつど》は85人です。10年後にはA町の人口密度は70人以下になると予想されています。10年後までにA町の人口は今年の人口から何人以上減《へ》ると予想されていますか。ただし，A町の面積は変わらないものとします。（10点）

6　下の図のように三角形 ABC の辺 BC の上に点 D があり，直線 BD と直線 AD と直線 AC の長さは等しくなっています。㋐の角の大きさは 38° です。㋑の角の大きさを計算で求めなさい。（10 点）

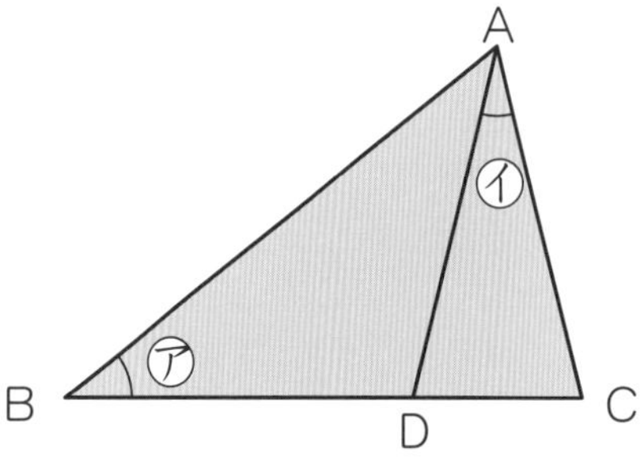

7　下の図の四角形 ABCD はひし形です。このとき，角あの大きさを計算で求めなさい。（10 点）

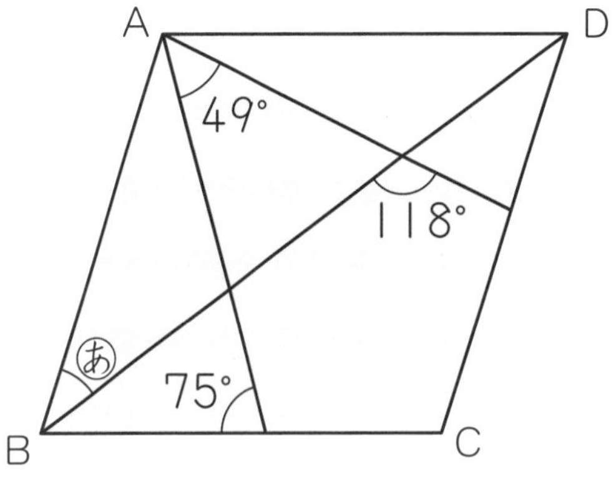

8 わくわく小学校5年生の球《きゅう》技《ぎ》大会では，2つの種目を行います。そこで，バレーボール，ソフトボール，バスケットボール，サッカーの中からどれを行うか投票で決めることになりました。

150人全員が4つの種目の中から，1つ選んで投票し，1位と2位になった種目を行います。

投票が終わり，いま票数を数えている途《と》中《ちゅう》です。この時点で入っている票数は，次の表のとおりです。(各10点)

バレーボール	ソフトボール	バスケットボール	サッカー
28	17	41	30

1 バスケットボールが必ず1位になるには，あと何票以上入ればよいですか。

2 球技大会で，ソフトボールとサッカーの2種目を行う可《か》能《のう》性《せい》はありますか。「ある」「ない」のいずれかで答えなさい。

算数

2 確認《かくにん》テスト

学習日　　月　　日　　得点　　／100点

1 次の計算をしなさい。（各４点）

① $2\frac{2}{5}-1\frac{2}{3}$

② $4\frac{2}{9}-1\frac{13}{18}+2\frac{1}{6}$

③ $\frac{7}{12}+2.6-1\frac{3}{4}$

④ $3\frac{1}{3}-2.75+1\frac{5}{6}$

2 次の問いに答えなさい。（各６点）

① $\frac{5}{8}<\frac{\square}{24}<\frac{5}{6}$ の□にあてはまる整数は何《なん》個《こ》ありますか。

② $\frac{3}{8}<\frac{\square}{20}<\frac{3}{5}$ の□にあてはまる整数をすべて書きなさい。

3 ゆうこさんが習っているダンスクラブで発表会があります。ゆうこさんのお母さんは衣装《いしょう》を作るための布《ぬの》を買いに雑貨店《ざっかてん》に来ました。この店では布のねだんは１m あたりで定価《ていか》がついていて，１m 単位で好きな長さを買うことができます。また，ある長さをこえて買うと，こえた分のねだんは定価より同じ割合《わりあい》だけ安くなるそうです。下の表は，ゆうこさんのお母さんが選んだ布の長さと代金の関係をまとめたものです。

長さ（m）	2	3	4	…	10	11	12
代金（円）	360	540	720	…	1620	1755	1890

1　布をある長さをこえて買ったとき，こえた分のねだんは定価より何％安くなっていますか。（式５点・答え５点）

式

答え

2　布を何 m をこえて買うと，定価より安く買うことができますか。（８点）

3　ゆうこさんのお母さんが，布を買ってはらったお金は 2700 円でした。お母さんは布を何 m 買いましたか。（式５点・答え５点）

式

答え

4 次の図の，色がついた部分の面積は何 cm^2 ですか。（各８点）

1

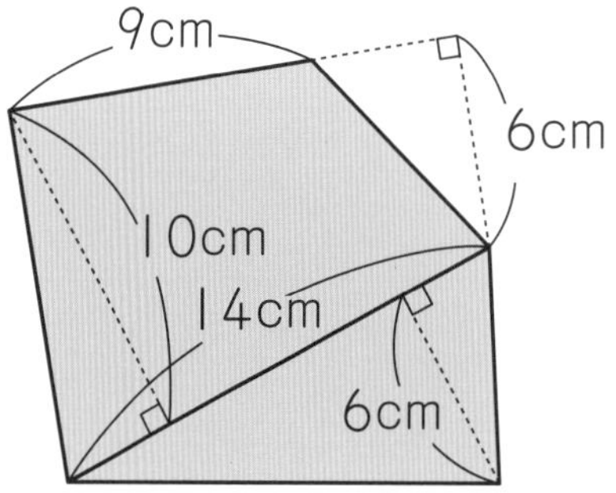

2

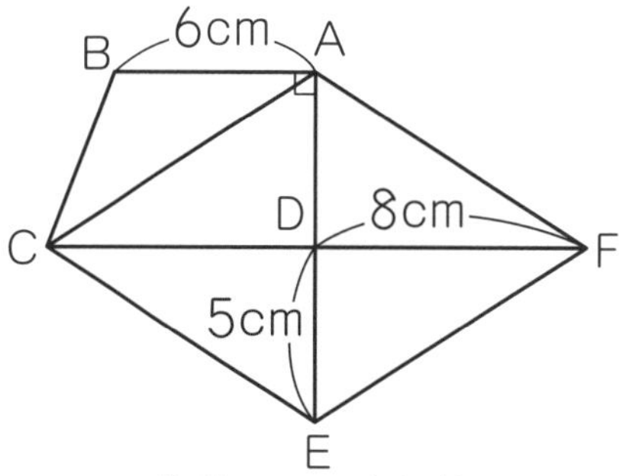

四角形ABCDは台形
四角形ACEFはひし形

3

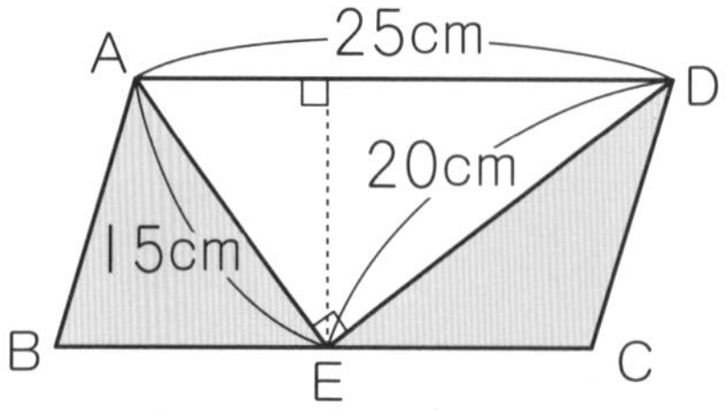

四角形ABCDは平行四辺形

5 ともこさんは小数のかけ算の練習をしています。4.87×3.05 の答えを次のように筆算で求めましたが，答えが合いません。ともこさんに正しい計算のしかたを教えてあげましょう。（10点）

〈ともこさんの筆算〉

```
    4.87
  ×3.05
  ------
   2435
1461
------
1485.35
```

6 ある牧場で1頭の牛から1週間にとれた牛乳《ぎゅうにゅう》の量は，日曜日から火曜日までが1日平均《へいきん》で 16.1L で，水曜日から土曜日までが1日平均で 13.3L でした。この1週間で1頭の牛からとれた牛乳の量が1日平均で何 L になるかを，さとるさんは次のように求めましたが，答えが合いません。さとるさんに正しい求め方を教えてあげましょう。（10点）

〈さとるさんの求め方〉

(16.1＋13.3)÷2＝14.7　だから，14.7L になります。

算数

3 確認《かくにん》テスト

学習日　月　日　得点　／100点

1 [0] [4] [5] [7] の4まいのカードから3まいを選び，ならべて3けたの整数をつくります。次の問いに答えなさい。

① いちばん大きい奇数《きすう》を書きなさい。(4点)

② いちばん小さい偶数《ぐうすう》を書きなさい。(4点)

③ 十の位の数が7である偶数は何個《なんこ》できますか。(6点)

④ 全部で何個の整数ができますか。(7点)

2 次の□にあてはまる数を書き入れなさい。（□1つ3点）

1 秒速［㋐　　　］m＝分速300m＝時速［㋑　　　］km

2 秒速［㋒　　　］m＝分速［㋓　　　］km＝時速126km

3 次の問いに答えなさい。（各6点）

1 湖のまわりを一周するサイクリングロードを自転車で一周すると50分かかりました。自転車の速さは分速360mでした。サイクリングロードの長さは何kmですか。

2 54kmを1時間12分で走る自動車の速さは時速何kmですか。

3 秒速75mで走る新幹線《しんかんせん》が，27km進むのにかかる時間は何分ですか。

4　①〜③で，三角形ABCの形と大きさが1つに決まるものには○，いくつか考えられるものには×を書きなさい。(各5点)

① 辺ABが5cm，辺BCと辺CAが8cmの三角形ABC

② 辺ABが6cm，辺BCが10cm，角Cが30°の三角形ABC

③ 辺ABが8cm，角Bが70°，角Cが50°の三角形ABC

5　下の図で，三角形ABCは辺CAの長さと辺CBの長さが等しい二等辺三角形です。また，三角形CDEは辺CDの長さと辺CEの長さが等しい二等辺三角形です。A，B，C，D，Eのうち3点を頂点《ちょうてん》とする三角形の中で，合同な三角形を1組答えなさい。(10点)

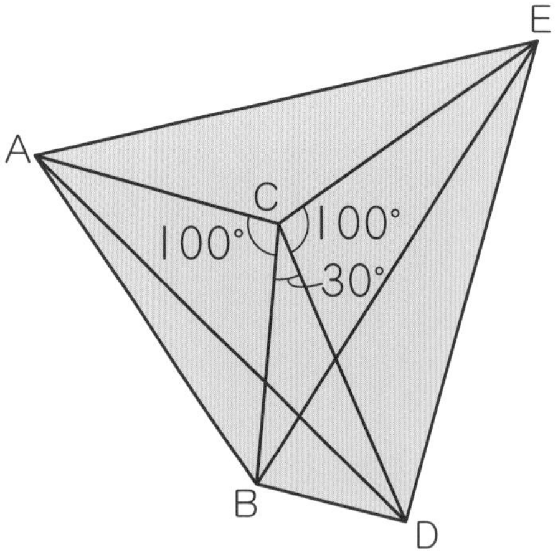

三角形　　　　と三角形

6　こうたさんはサッカーボールの形と辺の数について調べています。次の□にあてはまる数を答えなさい。(□1つ4点)

1　下の図1のサッカーボールの形は，図2の立体をもとにして作られています。図2の立体には同じ大きさの正三角形の面が20個《こ》あり，1つの頂点には5個の正三角形が集まっています。このことから，図2の立体には頂点が［㋐　　］個，辺が［㋑　　］本あることがわかります。

図1

図2

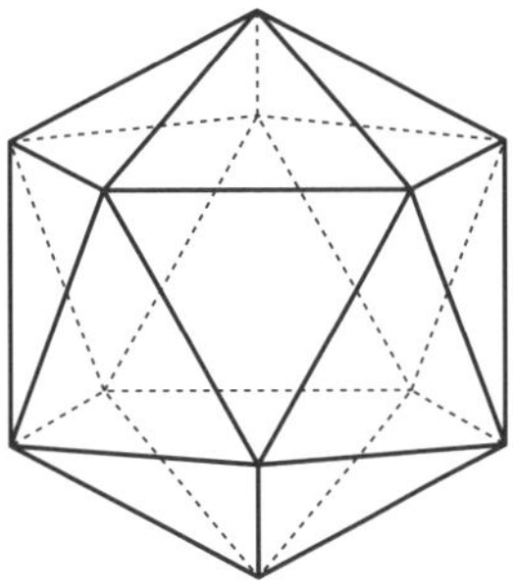

2　図3の頂点Aに集まる5本の辺をそれぞれ三等分する点をとり，頂点Aに近いほうの点を通る面で切ると，下の図4のように正五角形ができ，立体の辺が5本増《ふ》えます。同じように図3の頂点B，Cでも切ると図5のようになります。サッカーボールの形に似《に》てきましたね。このことから，図1のサッカーボールの形には正五角形が［㋒　　］個，正六角形が［㋓　　］個あります。また，頂点は［㋔　　］個，辺は［㋕　　］本あります。

図3

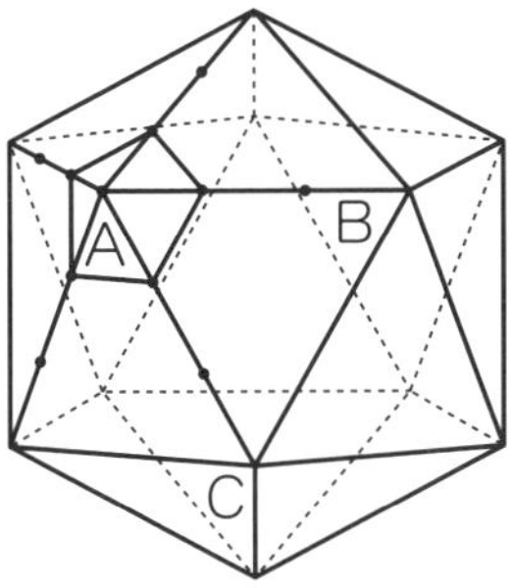

図4

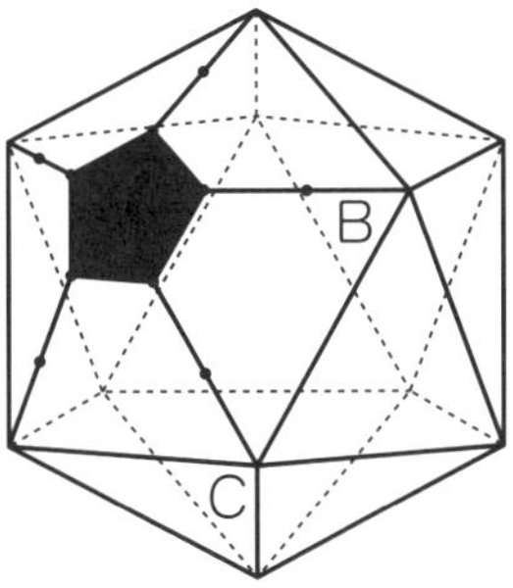

図5

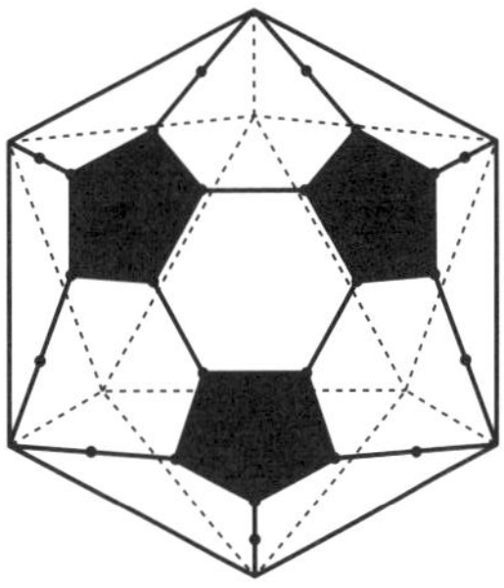

算数

4 確認《かくにん》テスト

学習日　　月　　日　　得点　　／100点

1　下の図の色がついた部分のまわりの長さを求めなさい。ただし，円周率《えんしゅうりつ》は3.14とします。（各8点）

①

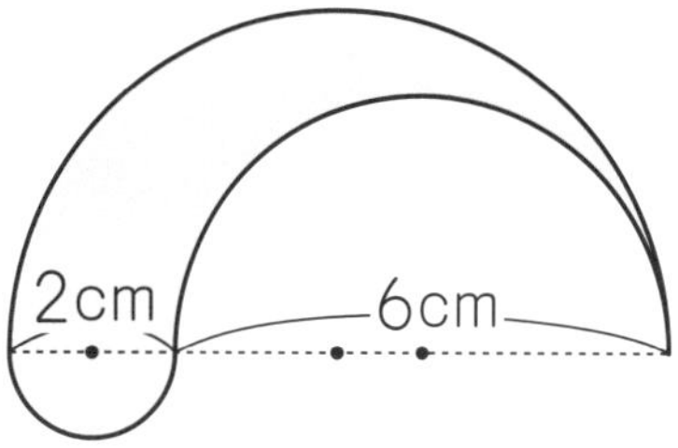

②

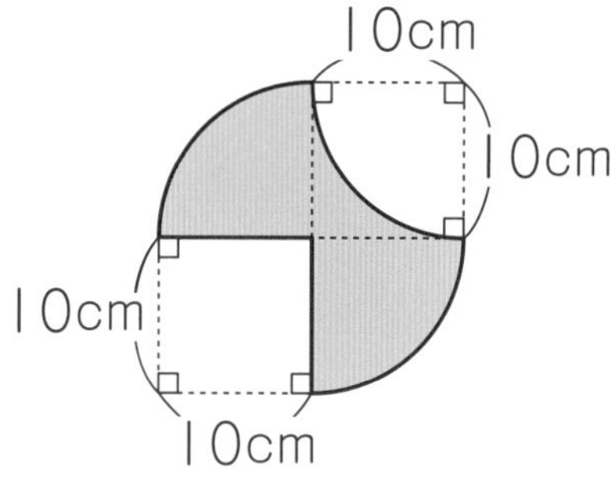

2　下の図のように，半円をつないで曲線をかきました。この曲線の長さを求めなさい。ただし，円周率は3.14とします。（10点）

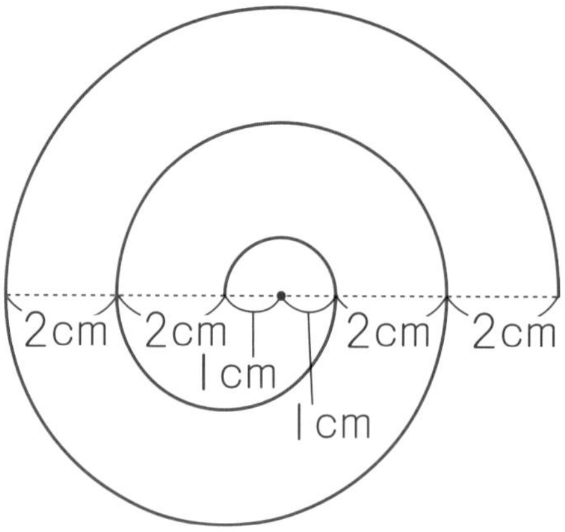

3 あきとさんはお姉さん，お兄さん，おじいさんといっしょに公園に花火を見に行きます。お姉さんは６時30分に家を出て，お店によって飲み物を買ってから公園に行きます。お兄さんとあきとさんとおじいさんは６時35分に家を出て，お兄さんは場所を取るために自転車で，あきとさんとおじいさんはいっしょに歩いてまっすぐ公園に行きます。あきとさんの家から公園までまっすぐ行く道のりは1200mです。次の問いに答えなさい。（各８点）

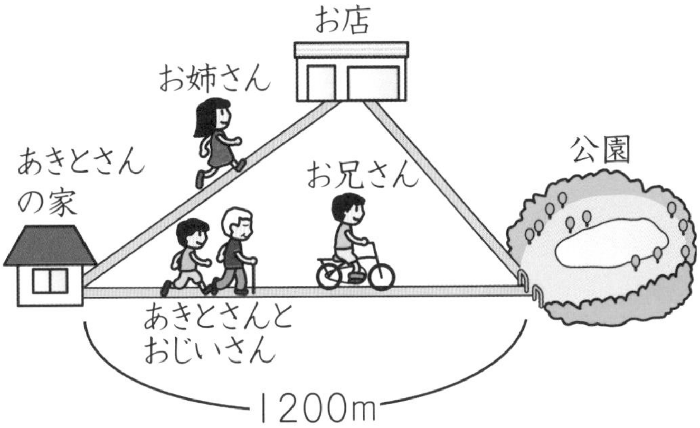

1 お兄さんは６時41分に公園に着きました。お兄さんの自転車の速さは時速何kmですか。

2 あきとさんとおじいさんは分速60mで歩きました。公園に着いた時刻《じこく》は何時何分ですか。

3 お姉さんはお店で５分間買い物をして，あきとさんと同時に公園に着きました。お姉さんの歩く速さは分速70mです。家から公園まで，お姉さんが歩いた道のりは何mですか。

4 次の立体の体積は何 cm^3 ですか。(10 点)

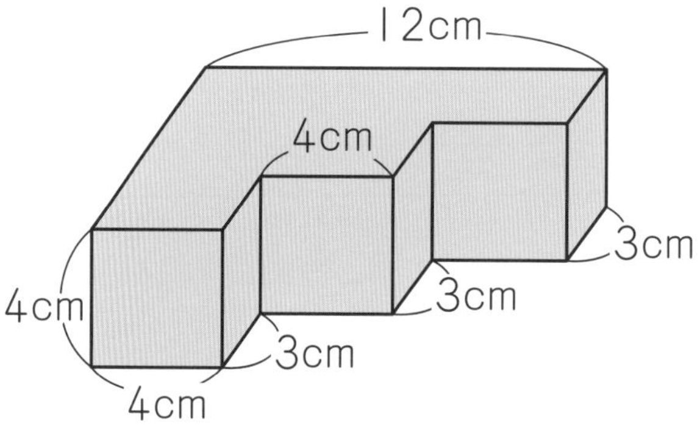

5 次の展開図《てんかいず》を組み立てたときにできる立体の体積は何 cm^3 ですか。(各 8 点)

①

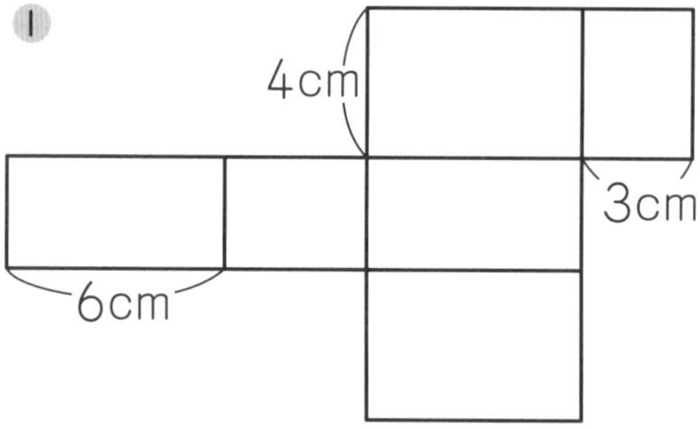

②

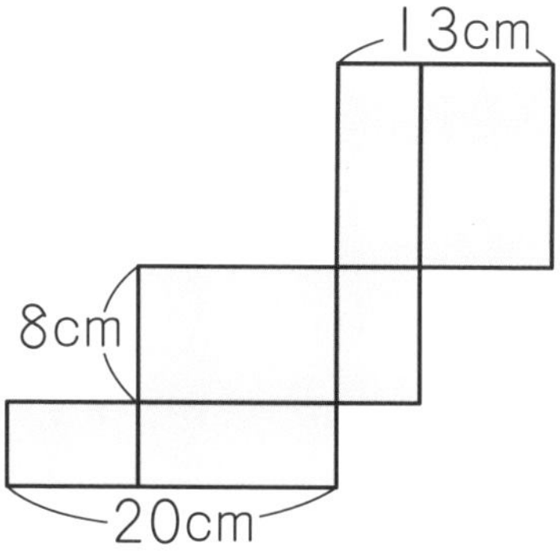

6 □にあてはまる名前を書き入れなさい。(□1つ8点)

はるとさん，なつみさん，みつきさん，あきこさん，ふゆきさんの5人のうち，1人だけ宝《たから》の地図を持っています。ポールたんていが，宝の地図を持っているのはだれか，当ててみせることになりました。

5人はおたがいにだれが宝の地図を持っているか知っていて，それぞれポールたんていに次のように言いました。ただし，5人のうち3人は本当のこと言っていて，残りの2人はウソを言っています。

はると：わたしとふゆきさんは持っていないよ。
なつみ：はるとさんかみつきさんが持っています。
みつき：はるとさんとなつみさんは持っていないです。
あきこ：はるとさんかなつみさんが持っているわ。
ふゆき：みつきさんかあきこさんが持っているよ。

ポールたんていは5人の話した内容《ないよう》を書きとめた手帳を見ながら少し考えていましたが，やがて高らかにこう言いました。

「わかったぞ。ウソをついているのは ① □ さんと ② □ さんで，宝の地図を持っているのは ③ □ さんだ。」

ウソをついた2人も宝の地図を持っている人も当てられてしまい，みんなびっくりしています。さて，あなたもこのなぞ解《と》きに挑戦《ちょうせん》しましょう。

算数

5 確認《かくにん》テスト

学習日　月　日　得点　／100点

1 次の□にあてはまる数を書き入れなさい。(各10点)

① $6\times\square-18=48$

② $4+56\div(\square-8)=11$

③ $1.5\times\square\div2.4=9$

④ $1.2\times(\square-2.48)\div0.8-2.71=2.54$

2 かずとさんは倍数の見分け方に興《きょう》味《み》をもちました。本で調べたところ，13の倍数は次のように見分けることができると知りました。（各10点）

① 数を一の位から3けたごとに区切る。たとえば，2017396420のとき，
　　2／017／396／420
② 区切ってできた数をひとつおきにたして，2つの数をつくる。
　　2+396=398　　17+420=437
③ この2つの数の差が13の倍数のとき，もとの数は13の倍数である。
　　437−398=39　　39÷13=3
　したがって，2017396420は13の倍数である。

1 次の数の中から，13の倍数をすべて選びなさい。

9 2 0 4 8 1 6 7 2 5	4 2 7 9 5 1 7 2 6 5
2 9 4 6 0 5 2 4 3	1 7 2 3 0 1 4 2 8

2 次の□の中に0〜9のいずれかの数字を書き入れて，11けたの13の倍数をつくりなさい。

9 8 7 6 5 4 3 2 1 0 □

3 下の図のように直方体の箱にリボンをかけました。(各 10 点)

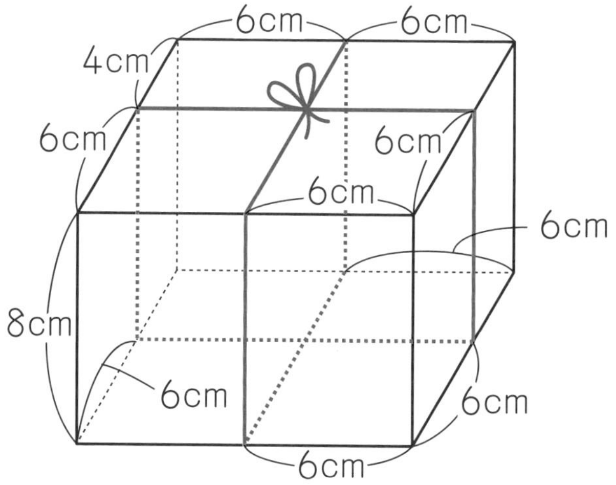

❶ リボンが通るところを線にして，直方体の箱の展開《てんかい》図《ず》で考えます。下の図は，結び目がある面のリボンの通る線をかいたものです。続きを下の図にかき入れなさい。

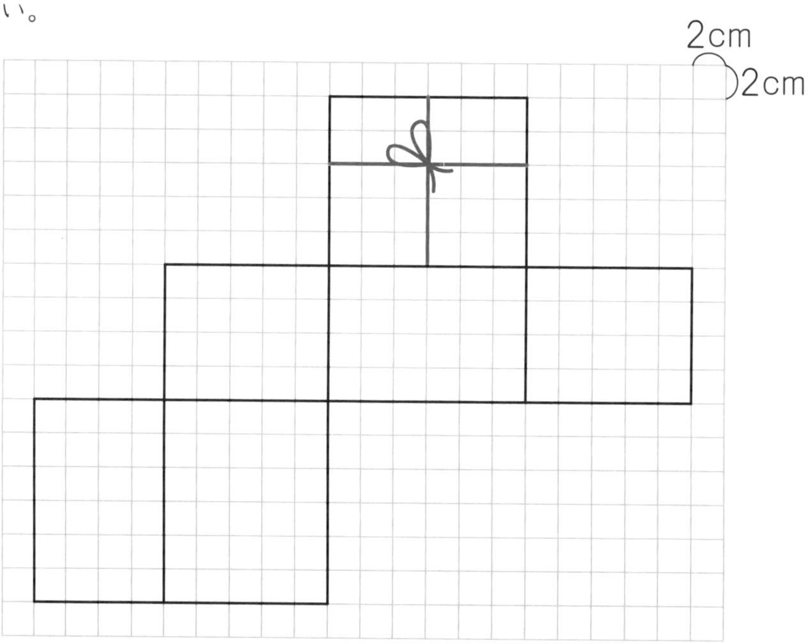

❷ この直方体の箱にリボンをかけるのに，何 cm のリボンが必要ですか。ただし，リボンの結び目に 20cm 使うものとします。

4　4分を計れる砂時計《すなどけい》と，7分を計れる砂時計が
あります。この2つの砂時計を使って，4分と
7分以外の時間も計りたいと思います。

（各10点）

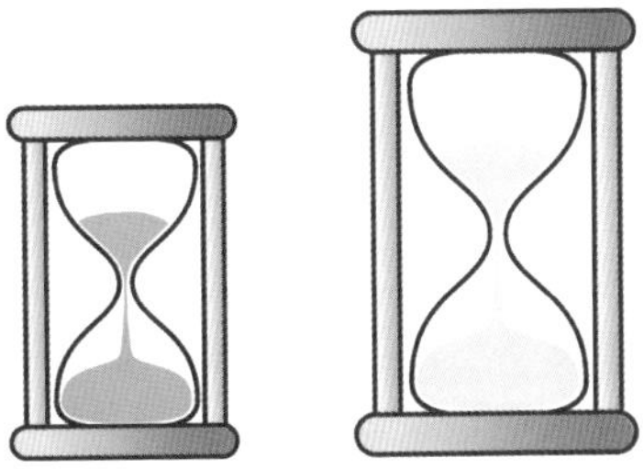

1　2つの砂時計の砂が全部下にある状態《じょうたい》から，同時にひっくり返します。砂時計の砂が全部落ちるたびに，すぐにひっくり返すことをくり返します。このことを，下の図のように表しました。

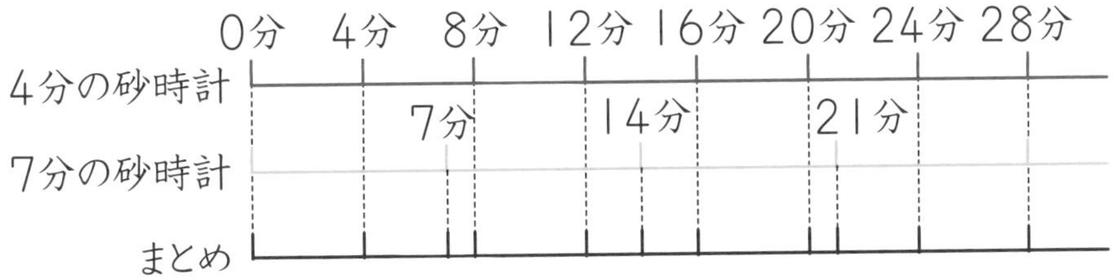

5分を計る方法を説明しなさい。

2　**1**のように，砂時計をひっくり返すことをくり返します。1分，2分，……，9分の9通りの時間を計る方法は，砂時計をひっくり返し始めてから何分後までにすべて現《あらわ》れますか。

理科

1 確認《かくにん》テスト

学習日　月　日　得点　／100点

1　産まれたばかりのメダカの卵を温度のちがう５つの水そうに50個ずつわけて入れ，40日間観察しました。下の表は，水温ごとのメダカがふ化するまでの平均日数と，40日後までにふ化した卵の数とふ化した卵の数の割合《わりあい》についてまとめたものです。あとの問いに答えなさい。

水温	30℃	26℃	22℃	18℃	14℃
メダカがふ化するまでの平均日数(日)	8	10	15	20	40
ふ化した卵の数(個)	25	45	Ⓘ	42	15
ふ化した卵の数の割合(%)	50	Ⓐ	88	Ⓤ	30

1　めすのメダカの腹《はら》に卵がついているときのスケッチとして正しいものを，次の**ア**～**エ**の中から１つ選び，記号を書きなさい。(5点)

ア

イ

ウ

エ

2　次の**ア**，**イ**のうち，メダカの卵全体を観察するときのけんび鏡の種類として適《てき》しているものはどちらですか。**ア**・**イ**のどちらかを選び，記号を書きなさい。(5点)

ア　500～600倍で観察できるけんび鏡

イ　10～20倍で観察できるけんび鏡

3　次の**ア**～**エ**は，メダカの卵が育っていくようすをスケッチしたものです。**ア**～**エ**をメダカが成長する順にならべかえ，記号を書きなさい。(6点)

ア

イ
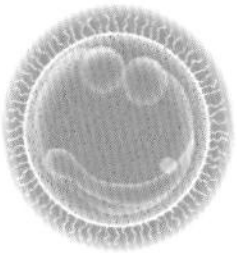
ウ
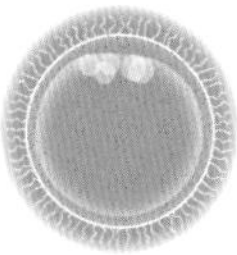
エ
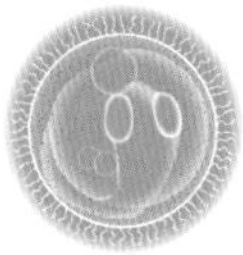

→　→　→

4　表のⒶ～Ⓤにあてはまる数字を書きなさい。(各2点)

Ⓐ　Ⓘ　Ⓤ

5　表より，メダカがふ化するまでの日数とふ化した卵の数の割合はどのような関係であると読み取れますか。次の文中の（　①　）～（　④　）にあてはまる言葉を，あとの**ア**～**ケ**の中から1つずつ選び，記号を書きなさい。（各2点）

水温が（　①　）℃のとき，ふ化した卵の数の割合が最も高い。（　①　）℃より水温が低くなるほど，ふ化するまでの日数は（　②　）なり，ふ化した卵の数の割合は（　③　）なる。（　①　）℃より水温が高くなると，ふ化するまでの日数は（　④　）なるが，ふ化する割合は（　③　）なる。

ア　30　　**イ**　26　　**ウ**　22　　**エ**　18　　**オ**　14
カ　長く　　**キ**　短く　　**ク**　高く　　**ケ**　低く

①　　②　　③　　④

2　次の①～⑤のような条件《じょうけん》で，ソラマメの種子が発芽するかどうかを調べました。この実験について，あとの問いに答えなさい。

①　25℃の明るいところ
②　25℃の明るいところ
③　25℃の暗い箱の中
④　25℃の明るいところ
⑤　5℃の冷ぞう庫の中

1　数日後に①の種子が発芽しました。①のほかに種子が発芽したものを，②～⑤の中から1つ選び，番号を書きなさい。（6点）

2　種子の発芽と空気の関係を調べるには，①～⑤のどれとどれを比《くら》べればよいですか。番号を書きなさい。（6点）

と

3　①と③の実験の結果からわかることを簡単《かんたん》に書きなさい。（8点）

3　次のグラフは，ある年の９月２日～９月５日の名古屋《なごや》市の気温の変化について調べたものです。あとの問いに答えなさい。

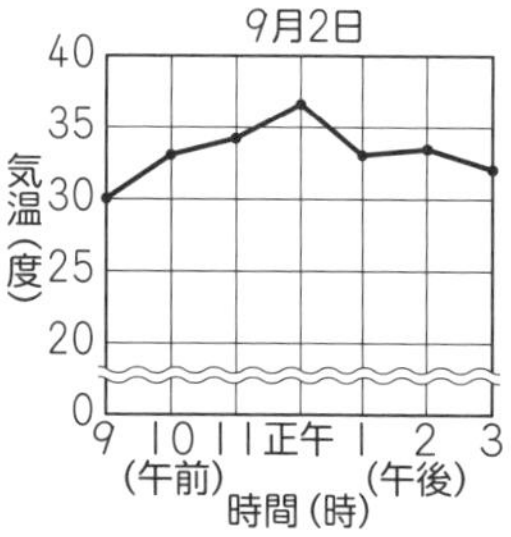

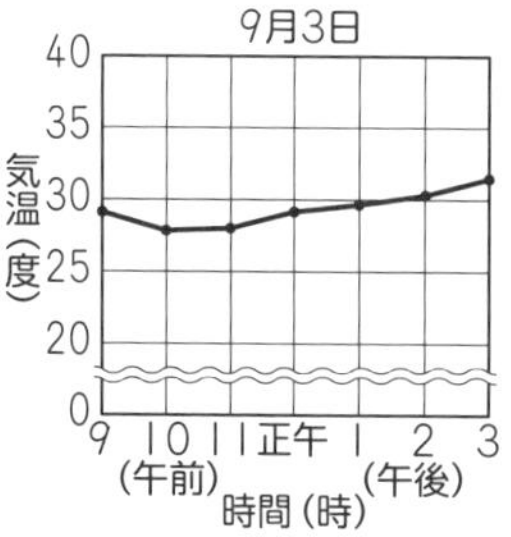

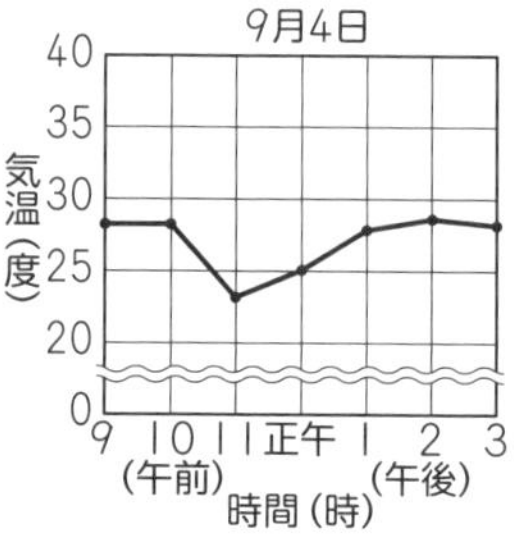

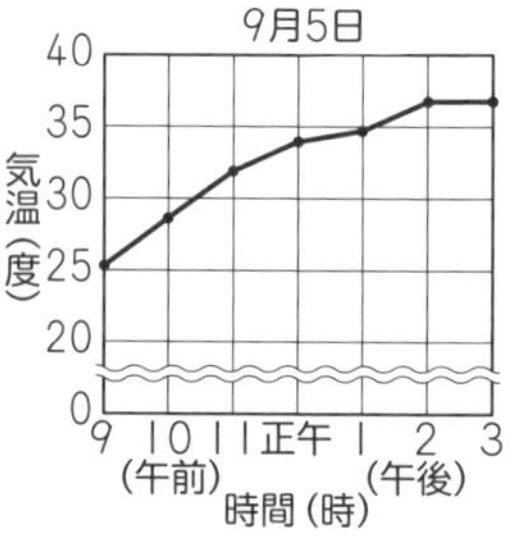

1　快晴《かいせい》・晴れ・くもりの天気は，空全体の面積を10としたときの雲の量で決まります。天気がくもりなのは，雲の量がどれくらいのときですか。次の**ア**～**エ**の中から1つ選び，記号を書きなさい。(5点)

ア　6から10　　**イ**　7から10

ウ　8から10　　**エ**　9から10

2　午前中は晴れていて，午後からくもりになった日は９月何日と考えられますか。(5点)

3　下のA・Bの写真は，９月２日～９月５日のうち連続する２日間の午前12時の雲画像です。Aの画像の名古屋の天気を，あとの**ア**・**イ**から1つ選び，記号を書きなさい。また，Aは，９月何日の画像を表していますか。(各５点)

A

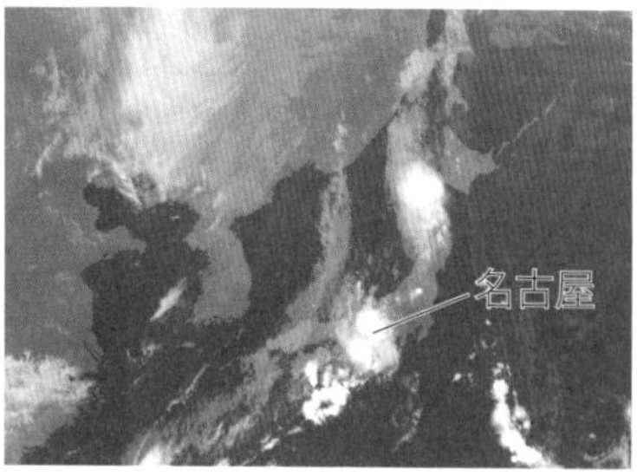

B（Aの次の日）

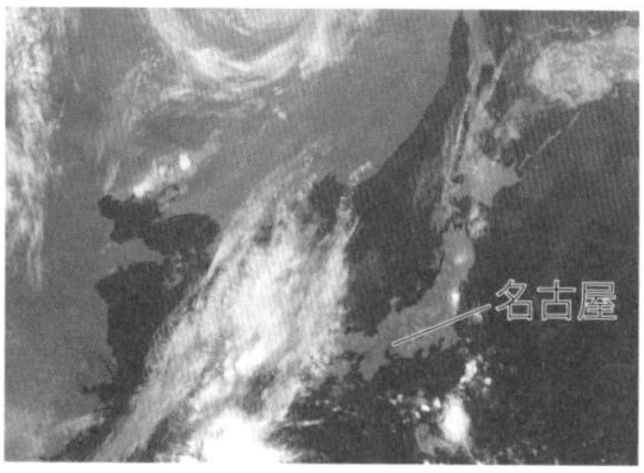

ア　快晴か晴れ　　**イ**　くもりか雨

名古屋の天気　　Aの日にち

4 次の表は，いろいろな温度の水 100g にとける食塩とホウ酸《さん》の重さを表しています。表を参考にして，あとの問いに答えなさい。なお，水の重さを 2 倍，3 倍…にすると，とかすことができる食塩やホウ酸の重さも 2 倍，3 倍…になることが知られています。

温度（℃）	0	20	40	60	80
食塩（g）	35.6	35.8	36.3	37.1	38.0
ホウ酸（g）	2.8	4.9	8.9	14.9	23.6

1　100g の水に 30g の食塩を加えて 60℃ に加熱したところ，食塩はすべてとけました。このときできる食塩水の重さは何 g ですか。また，この水《すい》よう液《えき》に食塩はあと何 g さらにとかすことができますか。（各 5 点）

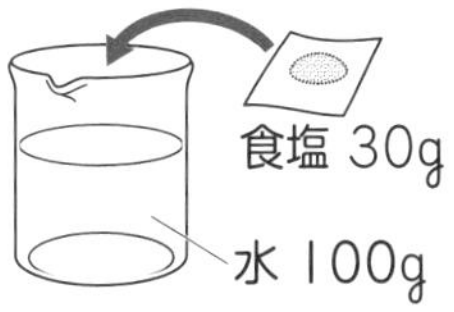

食塩水の重さ　　　　　　食塩の重さ

2　80℃ の水にとけ残りが出ないように食塩をできるだけたくさんとかして 69g の食塩水をつくりました。この食塩水の中にとけている食塩の重さは何 g ですか。（6 点）

3　80℃ の水 100g をそれぞれ入れた A，B 2 つのビーカーを用意し，A にはホウ酸 20g を，B には食塩 20g をとかしました。A と B の水《すい》よう液《えき》を 20℃ まで冷やすと，どちらの物質が何 g 出てきますか。（8 点）

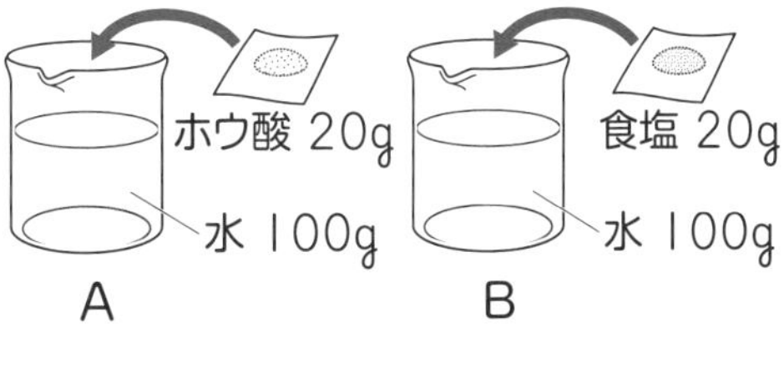

4　60℃ の水 300g にホウ酸をとけるだけとかしました。このホウ酸水から水を 100g 蒸発《じょうはつ》させたあと，20℃ まで下げました。何 g のホウ酸が出てきますか。（6 点）

理科

2 確認《かくにん》テスト

学習日　月　日　得点　／100点

1 人やいろいろな動物について，次の問いに答えなさい。

1　次の文章の（　①　），（　②　）にあてはまる言葉をそれぞれ書きなさい。

（各３点）

人の子は，卵《らん》と精子《せいし》が（　①　）し，母親の（　②　）の中で羊水《ようすい》にうかんで成長し，約38週で，母親から生まれてきます。

①　　　②

2　図１は，母親の体内のたい児のようすを表しています。①，②の部分を何といいますか。それぞれ書きなさい。

（各３点）

図１

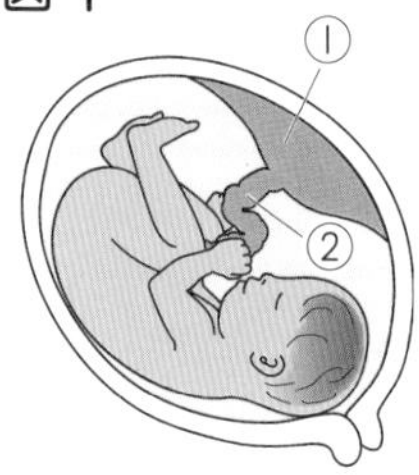

①　　　②

3　図１の①のはたらきについて，簡単《かんたん》に書きなさい。（8点）

2 電磁石《でんじしゃく》について，次の問いに答えなさい。

1　図１のように電磁石を使った回路で，①の位置に方位磁針《ほういじしん》を置いてスイッチを入れると，方位磁針は図２のようにふれました。電池の＋極と－極を反対にしてスイッチを入れ，②の位置に方位磁針を置くとどのようにふれますか。次の**ア**～**エ**の中から１つ選び，記号を書きなさい。（6点）

図１

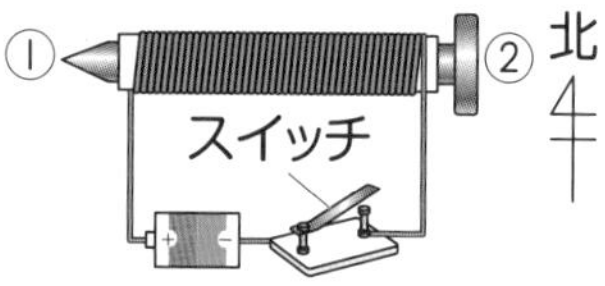

図２

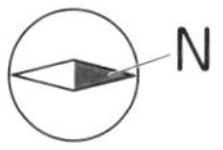

ア

イ

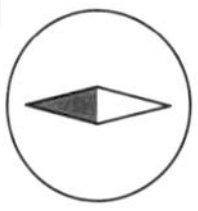

ウ

エ

2　図３は，電磁石，かん電池，検流計，スイッチを使ってつくった回路です。図３の回路で，スイッチを入れたときの電磁石の強さや電流の強さを調べました。電磁石の強さは，図４のように電磁石につくクリップの数から調べました。あとの①と②の関係を調べるには，図３の回路Ａ～Ｃのうち，どれとどれを比《くら》べればよいですか。Ａ～Ｃの中からそれぞれ２つずつ選び，記号を書きなさい。（各４点）

図３

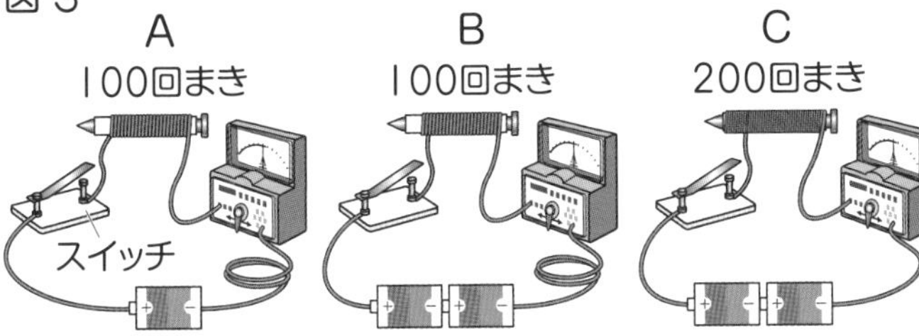

図４

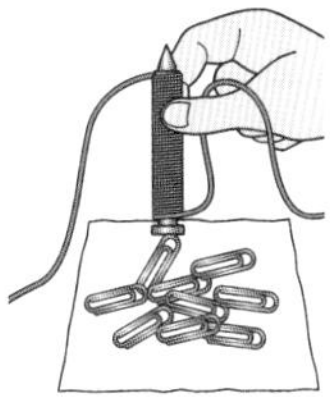

①　コイルのまき数と電磁石の強さ　　②　電流の強さと電磁石の強さ

①［　　と　　］　②［　　と　　］

3　電磁石に最も多くのクリップがついたのはどれですか。図３のＡ～Ｃの中から１つ選び，記号を書きなさい。（６点）

［　　］

4　図５の電磁石と鉄板を使ったそう置は，スイッチを入れている間，鉄板が左右にしん動し続けます。このそう置の動きについて示《しめ》した次の説明の［　あ　］にあてはまる内容は何ですか。あとの①～④を順にならべかえ，文を完成させなさい。（６点）

図５

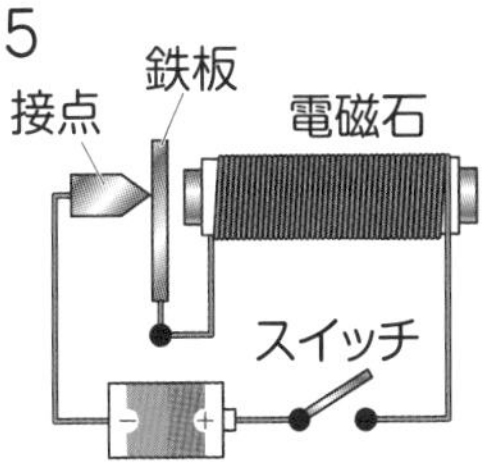

スイッチを入れる→電流が流れる→［　あ　］→鉄板が接点《せってん》につく（→「電流が流れる」にもどる）

①　鉄板が接点からはなれる　　②　電磁石がはたらく
③　電磁石がはたらかなくなる　　④　電流が流れなくなる

［　　→　　→　　→　　］

3 図1のようなふりこで，おもりの重さやふりこの長さ，ふれはばを変えて，ふりこが1往復《おうふく》する時間を調べると，表のような結果になりました。あとの問いに答えなさい。

図1

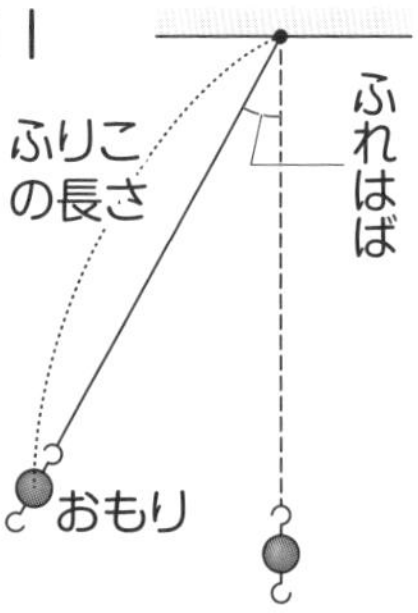

	①	②	③	④	⑤	⑥	⑦
おもりの重さ（g）	20	40	40	60	60	60	80
ふりこの長さ（cm）	25	50	100	25	75	75	100
ふれはば（度）	15	15	30	30	15	30	30
1往復する時間（秒）	1.0	1.4	2.0	1.0	1.7	1.7	2.0

1　次の(あ)～(う)について調べたい場合，表のどれとどれを比《くら》べればよいですか。①～⑦の中からそれぞれ2つずつ選び，番号で書きなさい。（各3点）

(あ)　おもりの重さは，ふりこが1往復する時間に関係しているか。

(い)　ふりこの長さは，ふりこが1往復する時間に関係しているか。

(う)　ふりこのふれはばは，ふりこが1往復する時間に関係しているか。

(あ)　　と　　(い)　　と　　(う)　　と

2　ふりこが1往復する時間について，1の結果と表からどのようなことがいえますか。簡単に書きなさい。（8点）

3　ふりこのおもりを，図2のAの位置からはなしたときと，Bの位置からはなしたときのCでの速さについて正しいものを，次の**ア**～**ウ**の中から1つ選び，記号を書きなさい。（6点）

ア　Aからふりはじめたほうが速い。

イ　Bからふりはじめたほうが速い。

ウ　どちらも同じ速さである。

図2

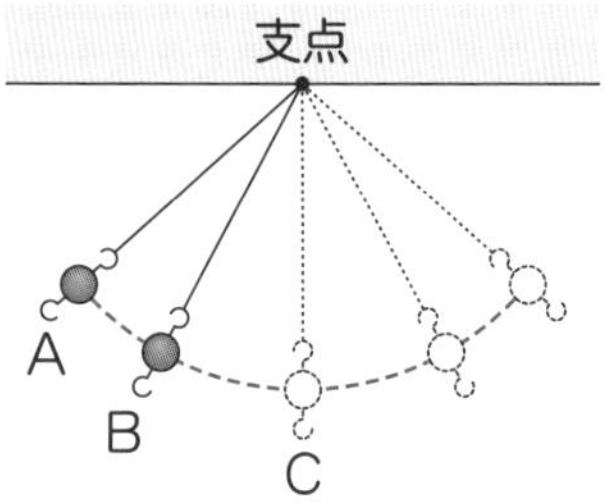

4　図3のように，長さ100cmのふりこの支点《してん》から真下に75cmのところにくぎを打ちました。ふりこはくぎにひっかかったあと，ふりはじめと同じ高さまであがり，ふりはじめの位置にもどってきます。このとき，ふりこが1往復する時間は何秒ですか。(6点)

図3

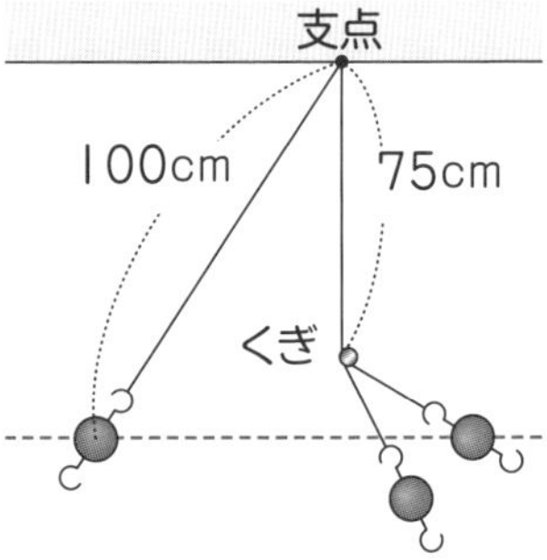

4　図1は川の曲がっている所を簡単《かんたん》に表したものです。次の問いに答えなさい。(各5点)

図1

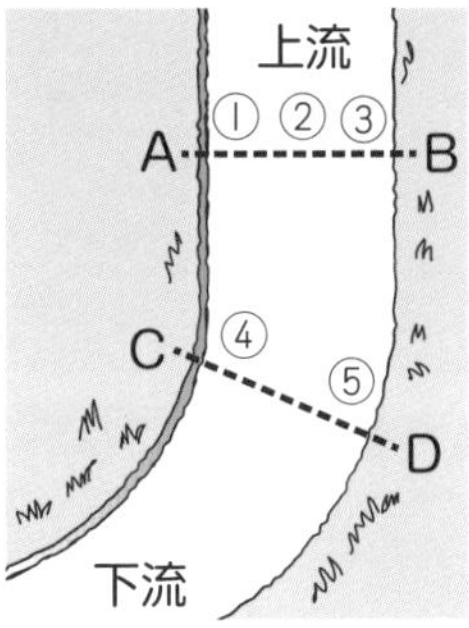

1　図1のA---Bの地点で，川の流れが最も速いのはどこですか。①～③の中から1つ選び，番号を書きなさい。

2　図1のC---Dの地点で，川原ができる所はどこですか。④・⑤のどちらかを選び，番号を書きなさい。

3　2の場所に川原ができる理由を簡単《かんたん》に書きなさい。

4　図1のC---Dの地点の川の断面《だんめん》を下流側から見た図として正しいものはどれですか。次の**ア**～**エ**の中から1つ選び，記号を書きなさい。

ア

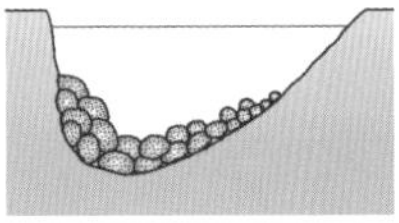

イ

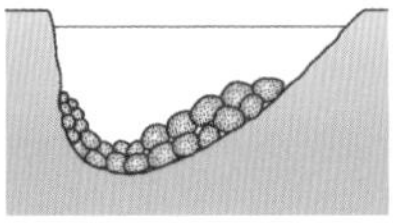

ウ

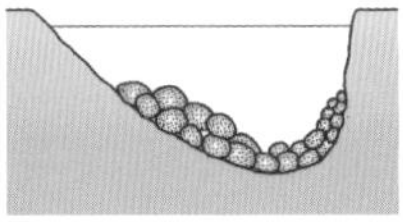

エ

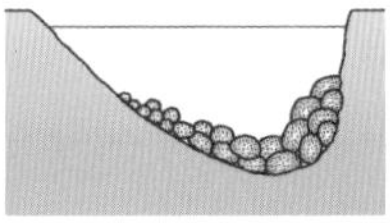

5　流れる水の量が大きく変わることなく長い年月がたつと，図1のC---Dの地点はしだいにどのように変化していきますか。次の**ア**～**ウ**の中から1つ選び，記号を書きなさい。

ア　曲がり方がきつく（大きく）なっていく。

イ　曲がり方がゆるやかになっていく。

ウ　変化しない。

1　下の図のように水平な面の上につみ木を置き，斜面《しゃめん》の上からおもりを静かにはなしてつみ木にあて，つみ木の動くきょりをはかる実験をしました。おもりの重さや高さをいろいろ変えて実験を行った結果，つみ木の動いたきょりは表のようになりました。あとの問いに答えなさい。

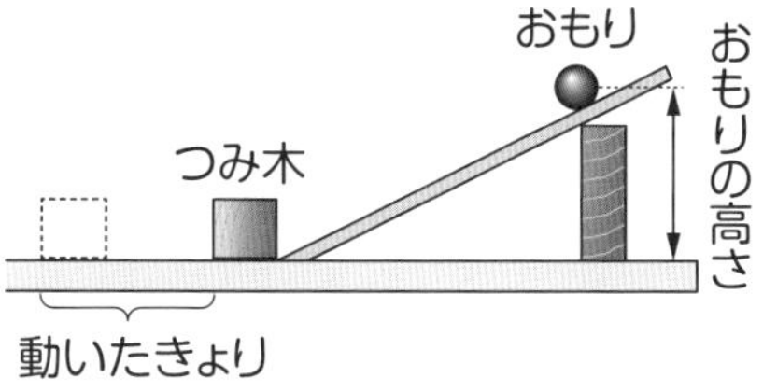

おもりの高さ(cm) ／ おもりの重さ(g)	10	20	30
100	3.2cm	6.4cm	9.6cm
200	6.4cm	12.8cm	19.2cm
400	12.8cm	25.6cm	38.4cm

1　次の文中の①，②にあてはまる言葉をあとの**ア**～**エ**の中から１つずつ選び，記号で書きなさい。(各４点)

おもりの重さが（　①　）ほど，つみ木の動くきょりは長くなり，高さが（　②　）ほど，つみ木の動くきょりは長くなる。

ア　重い　　**イ**　軽い
ウ　高い　　**エ**　低い

①　　②

2　おもりの高さが変わらないとき，おもりの重さが４倍になると，つみ木の動いたきょりは何倍になりますか。(４点)

3　おもりの高さが30cm，おもりの重さが300gのとき，つみ木の動いたきょりは何cmになると考えられますか。(４点)

4　おもりの重さが変わらないとき，おもりの高さが３倍になると，つみ木の動いたきょりは何倍になりますか。(４点)

5　次の文の（　①　）～（　③　）にあてはまる数字を書きなさい。（各４点）

おもりの高さが40cm，おもりの重さが500gのときのつみ木の動くきょりは，おもりの高さが10cm，おもりの重さが100gのときと比べて，つみ木の動くきょりは，高さで（　①　）倍，重さで（　②　）倍になるので，つみ木は，（　③　）cm動きます。

①　　②　　③

2　図１と図２は，アサガオとアブラナの花のつくりを表したものです。花のつくりや形の特《とく》ちょうについて，次の問いに答えなさい。

図１

図２

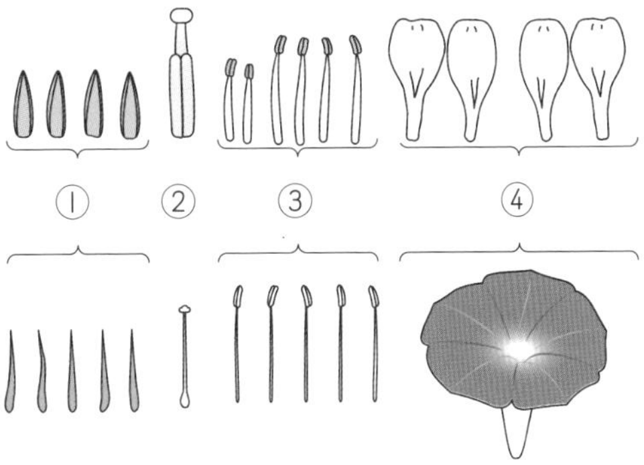

1　アサガオの花は図１と図２のどちらですか。「図１」・「図２」のどちらかを書きなさい。（５点）

2　図１と図２の①～④は，同じつくりを示《しめ》しています。①～④の部分をそれぞれ何といいますか。言葉を書きなさい。（各３点）

①　　②

③　　④

3　図の①～④はどのような順でついていますか。花の中心部分にあるものから順にならべかえ，番号を書きなさい。（６点）

→　→　→

4　図の③でつくられる粉状《こなじょう》のものを何といいますか。名前を書きなさい。（５点）

3　台風について，次の問いに答えなさい。

1　台風が日本に近づくおもな季節を，次の**ア**～**ウ**の中から｜つ選び，記号を書きなさい。(6点)

ア　春から夏　**イ**　夏から秋　**ウ**　秋から冬

2　次の文章は，台風の進路について説明したものです。文中の（　①　）～（　③　）にあてはまる言葉を，あとの**ア**～**ウ**の中からそれぞれ｜つずつ選び，記号を書きなさい。(各2点)

> 多くの場合，台風は，日本のはるか（　①　）の海上で発生し，勢《いきお》いを強めながら，（　②　）の方へ動きます。そのあと，動く向きを（　③　）のほうに変えて日本に近づき，各地に大雨や強風をもたらします。

ア　南　**イ**　北や東　**ウ**　西や北

①　②　③

3　右の図は，台風などの大雨による災害《さいがい》が予想される地域《ちいき》を表した地図で，　は特に大きな災害が予想される地域を表しています。この地図から，どのような場所で，どのような災害が予想されると考えられますか。次の文の（　①　），（　②　）にあてはまる言葉を書きなさい。(各4点)

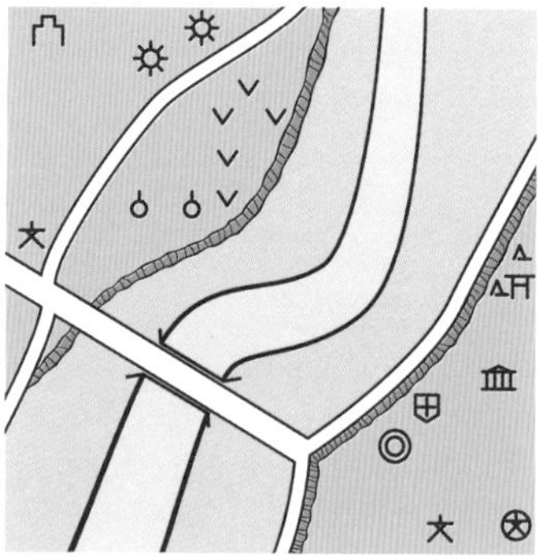

> （　①　）に近いところでは，大雨による（　②　）の災害が予想される。

①　②

4 図1は電流計を表したものです。次の問いに答えなさい。

図1

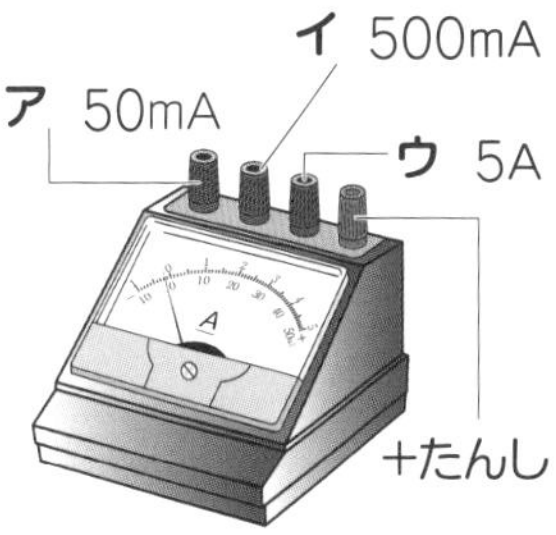

1 次の文章は，電流計の使い方について説明したものです。文中の（ ① ）には「直列」・「並《へい》列《れつ》」のどちらかを，（ ② ）には**ア**～**ウ**の中から1つ選び，記号を書きなさい。（各4点）

> 電流計は，電流をはかりたい回路に（ ① ）につなぎ，かん電池の＋極側と「＋たんし」を，つないで電流の大きさをはかります。
>
> 電流の大きさがわからないときは，はじめに，かん電池の－極側を，図1の（ ② ）の「－たんし」につなぎます。

①

②

2 かん電池1個と豆電球1個の回路を電流計をつないで，豆電球に流れる電流の大きさを調べたところ，電流計の針《はり》が図2のようになりました。電流の大きさを単位をつけて書きなさい。ただし導線《どうせん》は，図1の＋たんしと**イ**につないであります。（6点）

図2

3 電流計のように電流の大きさをはかるものに検流計があります。電流計や検流計の説明として正しいものを，次の**ア**～**エ**の中から2つ選び，記号を書きなさい。（各3点）

ア 検流計は，電流計よりも電流の大きさをくわしくはかることができる。
イ 電流計は，電流の大きさと電流が流れる向きをはかることができる。
ウ 検流計は，電流が流れる向きが反対になると，針がふれる向きも反対になる。
エ 電流計と検流計のどちらも，かん電池だけに直接つないではいけない。

社会 1

確認《かくにん》テスト

学習日　月　日　得点　／100点

1 日本の領域《りょういき》について，あとの問いに答えなさい。

図1

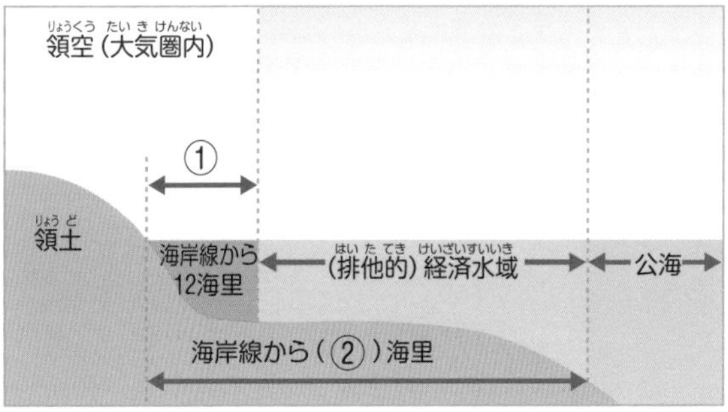

地図1

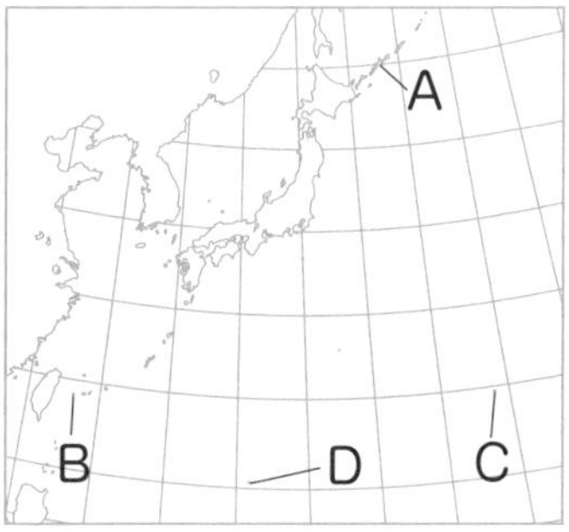

1 **図1**の（　①　）（　②　）にあてはまる言葉や数字をそれぞれ書きなさい。

（各５点）

①　　　　②

2 **地図1**中の**A**～**D**は，日本の領土の東西南北のはしに位置する島です。

①　**地図1**中の**A**は，日本が戦争で負けた際《さい》に，ある国に不法に占領《せんりょう》されました。今もここを占領している国の現在《げんざい》の名前を書きなさい。（５点）

②　**地図1**中の**D**は，周りをコンクリートブロックで固められています。なぜ島をコンクリートブロックで固める必要があったのか，その理由を書きなさい。（10点）

2 日本の気候について，あとの問いに答えなさい。

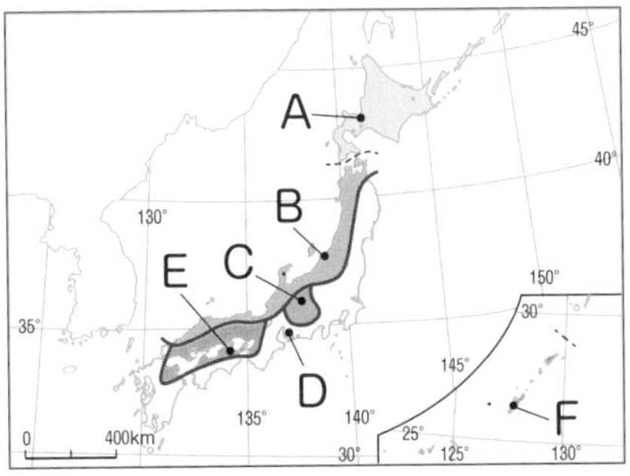

1 次の**ア〜ウ**のグラフは，ある都市の降水《こうすい》量《りょう》と平均《へいきん》気温を示《しめ》しています。あてはまる都市を，**地図 1** の**A〜F**の中から 1 つずつ選び，記号を書きなさい。（各 3 点）

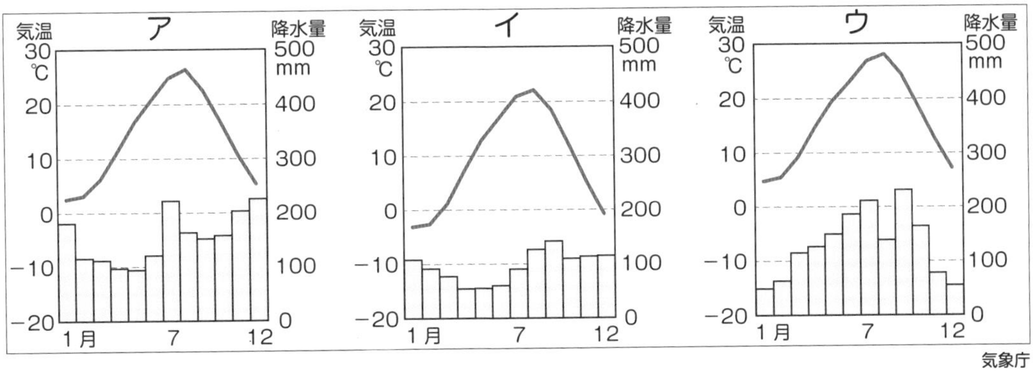

2 **地図 2** は桜《さくら》開花予想マップです。

次の文を読んで，**地図 1** の**A〜F**のいずれの都市の説明か，あてはまる都市の記号を書きなさい。（4 点）

この都市の桜の開花予想は 3 月 30 日から 4 月 10 日の間です。

この都市がある県には高い山が多く，野《の》辺《べ》山原《やまはら》という場所は標高 1200 m以上の高さのところにあるため，夏でもすずしいです。この気候の特ちょうを生かし，レタスやはくさいなどの野菜を生産しています。

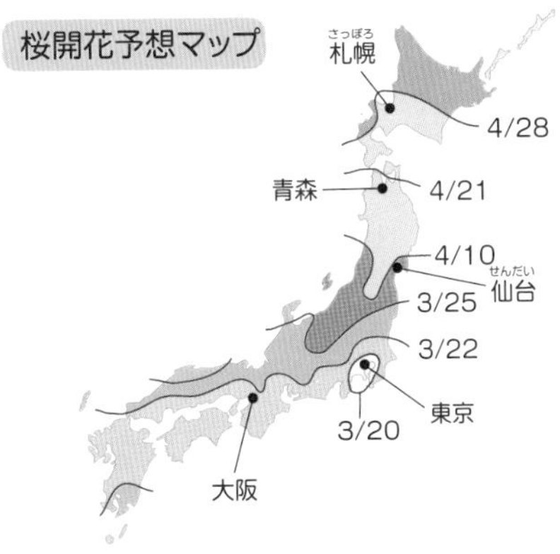

3　沖縄県と北海道について，次の資料《しりょう》は気候や自然環境《かんきょう》に合わせて作られた家の特色をまとめたものです。あとの問いに答えなさい。

図１　沖縄県の伝統的《てんとうてき》な家

●沖縄県の伝統的な家の特色

（　①　）（　②　）

（　⑤　）

↓

（　⑦　）ため。

図２　北海道の工夫《くふう》された家

●北海道の家の特色

（　③　）（　④　）

（　⑥　）

↓

（　⑧　）ため。

1　資料中の①～④にあてはまる特色を，次の**ア～エ**の中から２つずつ選び，記号を書きなさい。（各３点）

ア　戸を大きくして風通しをよくする。

イ　玄関《げんかん》やまどが二重になっている。

ウ　かべに断熱材《だんねつざい》が入っている。

エ　ふくぎという木を防風林《ぼうふうりん》にしている。

①②［　　　　］　③④［　　　　］

2　資料中の⑤・⑥にあてはまる，屋根になされた特色を，簡単《かんたん》に書きなさい。（各７点）

⑤［　　　　］

⑥［　　　　］

3　資料中の⑦・⑧には⑤・⑥の工夫がなされた理由が入ります。あてはまる言葉を書きなさい。（各８点）

⑦［　　　　］ため。

⑧［　　　　］ため。

4 次の資料《しりょう》とグラフを見て，あとの問いに答えなさい。

資料

沖縄県の農家の木村さんの話
わたしが育てている小菊《こぎく》は，今までは ① 月，② 月の順に多く出荷《しゅっか》していましたが，お盆《ぼん》の時期の８月にも出荷できるかを検討《けんとう》しています。なぜなら，③ からです。

北海道の農家の山田さんの話
わたしの畑では，じゃがいもやてんさい，あずき，小麦を作っています。また，④北海道内の収穫《しゅうかく》量《りょう》はとても多く，収穫した農作物は全国各地へ運ばれています。

グラフ１　沖縄県産の小菊《こぎく》の月別の取扱《とりあつか》い量と全国の平均卸売《へいきんおろしうり》価格

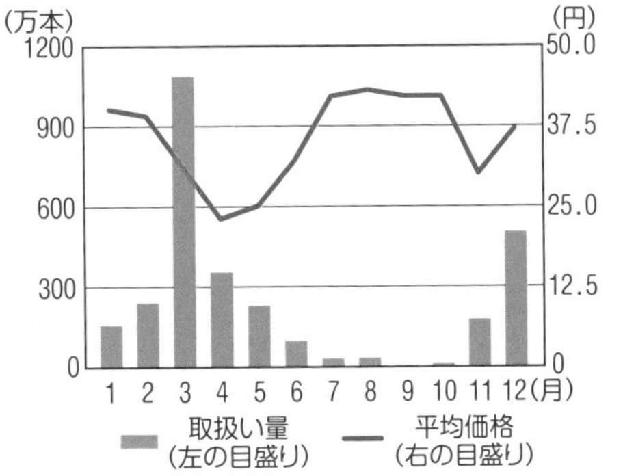

東京都中央卸売市場

グラフ２　農業用機械の所有台数

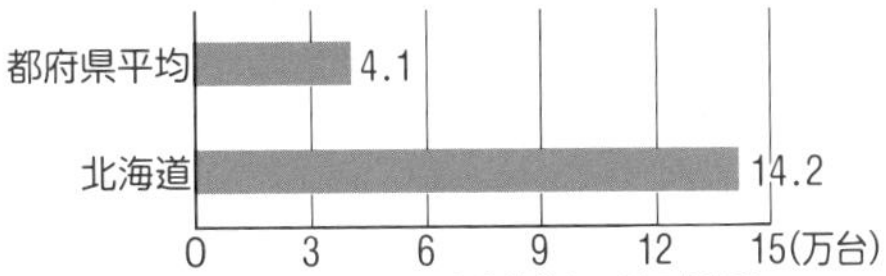

出典：2015年農林業センサス報告書
2015年農林業センサス報告書を加工して作成

グラフ３　畑（牧草地も含《ふく》む）の耕地《こうち》面積

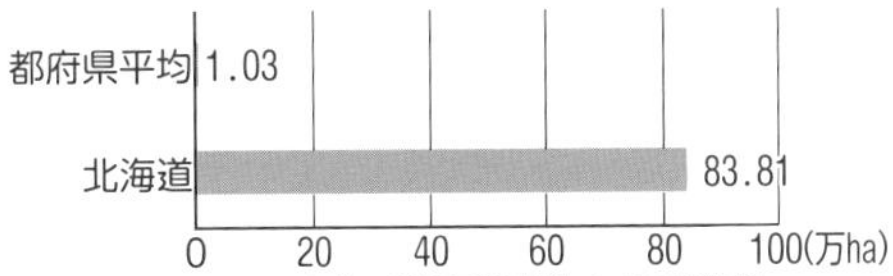

出典：2015年農林業センサス報告書
2015年農林業センサス報告書を加工して作成

１　**資料**の①・②にあてはまる数字を，**グラフ１**を見てそれぞれ書きなさい。

（各３点）

①　　　②

２　**資料**の③に入る言葉を，**グラフ１**を参考にして書きなさい。（１０点）

３　下線部④について，北海道での収穫量が多い理由を，**グラフ２・グラフ３**を参考にして書きなさい。（１０点）

社会 2

確認《かくにん》テスト

学習日　月　日　得点　／100点

1 はるとさんは日本の農業について調べ学習をしました。次の問いに答えなさい。

1 米作りについてまとめた次の文章の①～⑤にあてはまる言葉を，下の**ア～オ**の中から１つずつ選び，記号を書きなさい。（各５点）

> 米作りは３月から始まります。まず［①］を選ぶ作業です。そのあとは苗《なえ》を育てる［②］や田の土に肥料《ひりょう》を混《ま》ぜる［③］をします。おいしい米をつくるためにはじょうぶな苗と栄養分の高い土が必要だからです。［④］のあとは，水田の水の管理が大事で，天気が悪い日が続くと稲《いね》の生長も悪くなるので，肥料を加えていきます。そして秋になって，［⑤］をむかえます。

ア 田おこし　**イ** 田植え　**ウ** 稲刈《いねか》り　**エ** 苗《なえ》作り　**オ** 種もみ

①　②　③　④　⑤

2 **グラフ**を説明した下の文の①～③にあてはまる言葉や数字を書きなさい。（各５点）

グラフ

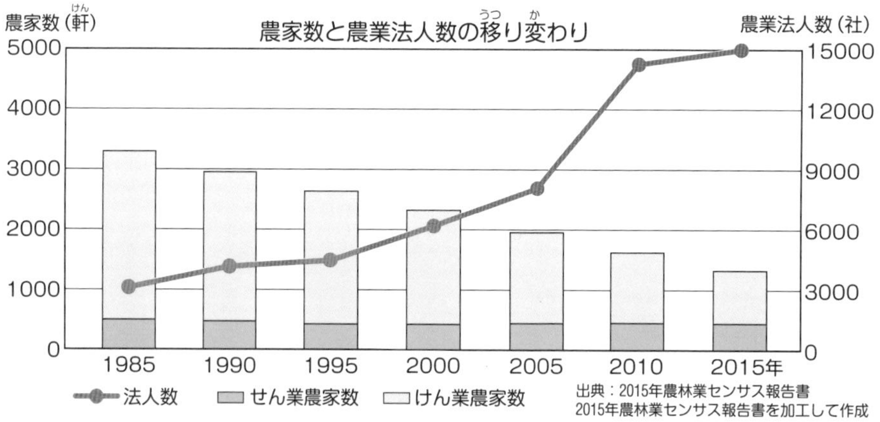

> ［①］農家は毎年ほぼ同じ数値《すうち》だが，［②］農家は年々減《へ》り，農家数は減り続けている。反対に，農業をする会社（農業法人）は増《ふ》え続けており，［③］年には農業をする会社の合計は15000社をこえている。

①　②　③

2 あおいさんは日本の輸出《ゆしゅつ》と輸入《ゆにゅう》について調べました。次の問いに答えなさい。

1 **資料《しりょう》**の①～③にあてはまる輸出品を次の**ア**～**ウ**の中からそれぞれ１つ選び，記号を書きなさい。(①～③は完答，10点)

資料　日本の輸出品と主な輸出相手国

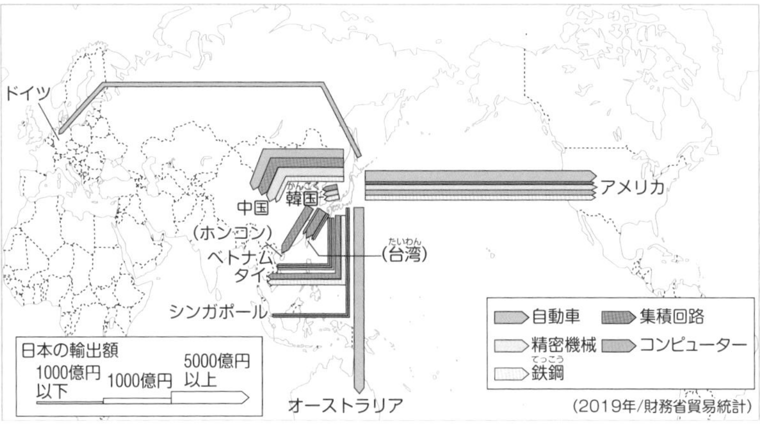

日本からは多くの機械製品《せいひん》が輸出されている。その中でも［ ① ］は，アメリカ，中国，オーストラリアに多く輸出されている。これを作る会社の中には，部品を手に入れて組み立てるまでを海外で行い，完成品を様々な国に輸出する方法をとっているところもある。また，［ ② ］は中国やベトナム，台湾などのアジアを中心に輸出され，輸出された後，その国で生産される工業製品にも使われる。中国，アメリカに多く輸出される［ ③ ］はレンズやカメラなどが中心である。

ア　集積回路　　**イ**　精密《せいみつ》機械　　**ウ**　自動車

①［　　］　②［　　］　③［　　］

2 次の**ア**～**エ**のグラフは日本の1960年と2019年の輸出・輸入の品目を示《しめ》しています。2019年の輸出のグラフを選び，記号で書きなさい。(5点)

ア

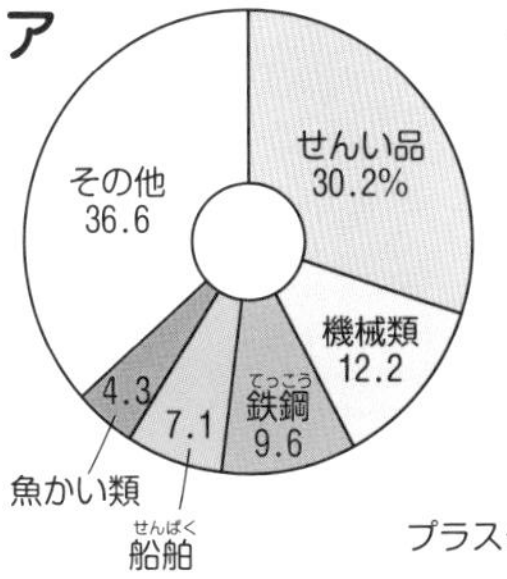

イ

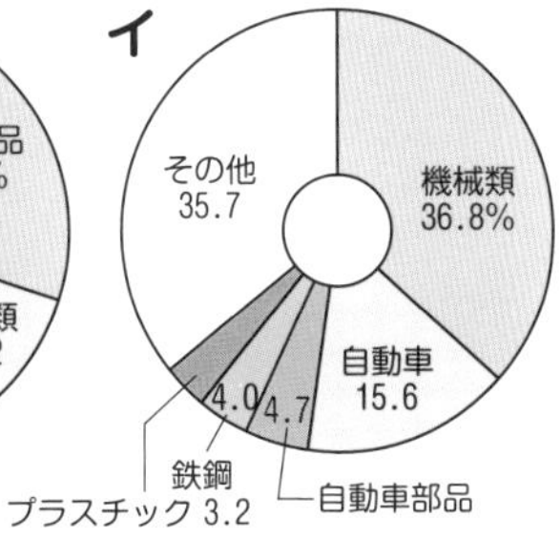

ウ

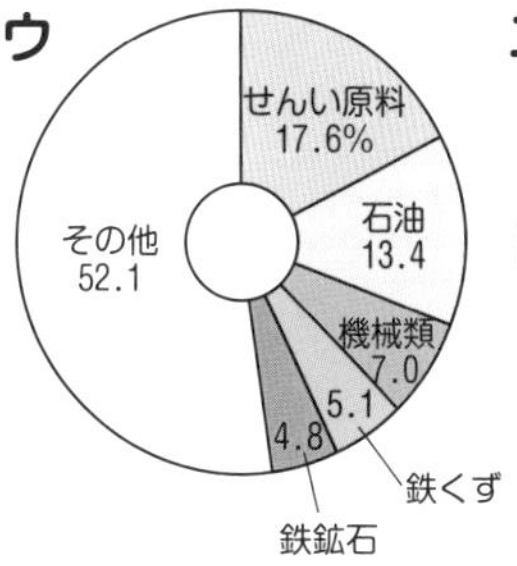

エ

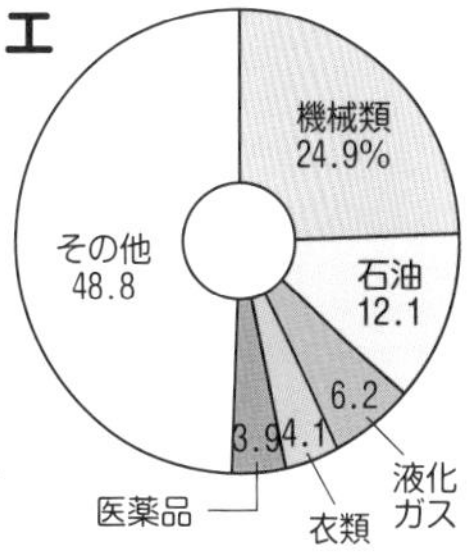

(2020/21年版「日本国勢図会」)

［　　］

3　ひろしさんは，はるとさんやあおいさんといっしょに，日本の工業について調べることになりました。次の会話を読んで，あとの問いに答えなさい。

グラフ1　日本の工業別工業生産額割合の推移《すいい》

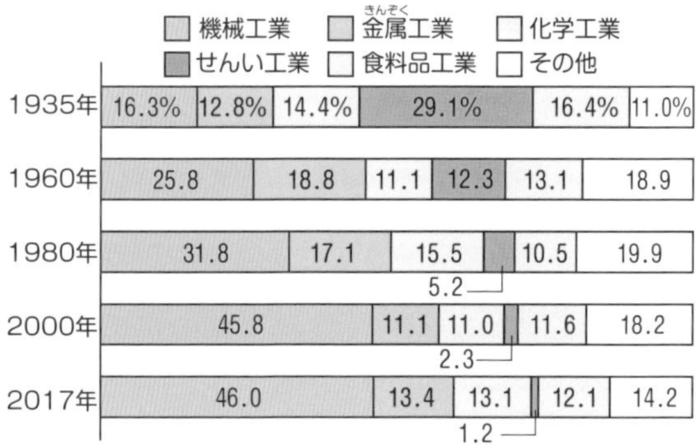

平成28年 経済センサスほか

ひろし：日本の工業がどのように移《うつ》り変《か》わったかがわかる**グラフ1**を見つけたけれど，みんなにはわかりやすいかな。

あおい：とても見やすいから，みんなわかってくれるよ。この**グラフ1**を見れば，たとえば1935年は（　①　）が最もさかんだったけれど，最近は（　②　）が最もさかんだということがわかるね。

ひろし：うん，そうなんだ。（　②　）の中でも，自動車などの「輸送用《ゆそうよう》機械」の生産額《せいさんがく》が最も多いようだから調べてみたら，「輸送用機械の生産額の割合《わりあい》」が県別で示《しめ》されている**グラフ2**があったよ。

グラフ2　輸送用機械の生産額の都道府県別割合

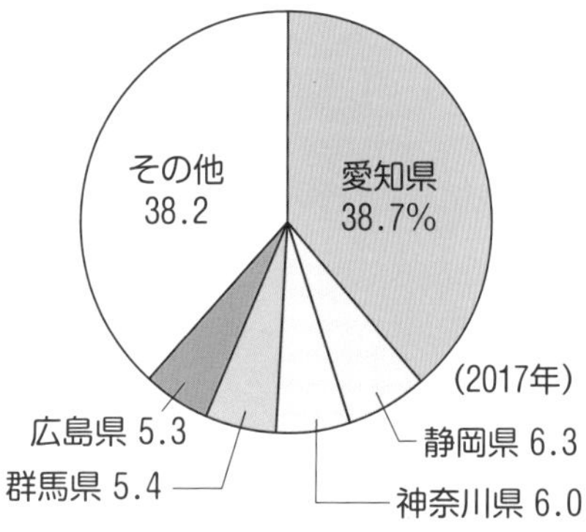

（2020/21年版「日本国勢図会」）

あおい：**グラフ2**にあるほとんどの県は海ぞいにあって，工業地帯や工業地域《ちいき》が集まる（　③　）にふくまれる地域でもあるよ。

はると：でも最近は群馬県などの④内陸部にも工業地域が広がっているんだよ。

あおい：へえ，なぜだろう？　理由を知りたいね。

ひろし：ところで，ぼくは来週の社会科見学が楽しみだな。石油化学工場に行って，ぜひ見てみたい工場内の資料室《しりょうしつ》があるんだ。

はると：どんな資料室？

ひろし：⑤公害病に関する資料室だよ。調べていたら日本の工業が発展《はってん》するのにともなって，公害病が問題になっていたんだ。その資料室では石油化学工場がどのように公害病の問題を解決《かいけつ》してきたかが説明されているから，その説明をまとめようと思っているのさ。

はると：いいまとめができるといいね。

1　会話文中の①・②にあてはまる言葉をそれぞれ書きなさい。(各5点)

① ②

2　会話文中の③にあてはまる言葉を6字で書きなさい。また，海にそったこの地域で工業がさかんになった理由を，「船」「輸出入」という言葉を使って説明しなさい。(あてはまる言葉5点，理由10点)

あてはまる言葉

理由

3　下線部④について，内陸部にも工業地域が広がった理由を，**地図1**を参考に，「トラック」という言葉を使って書きなさい。(10点)

地図1

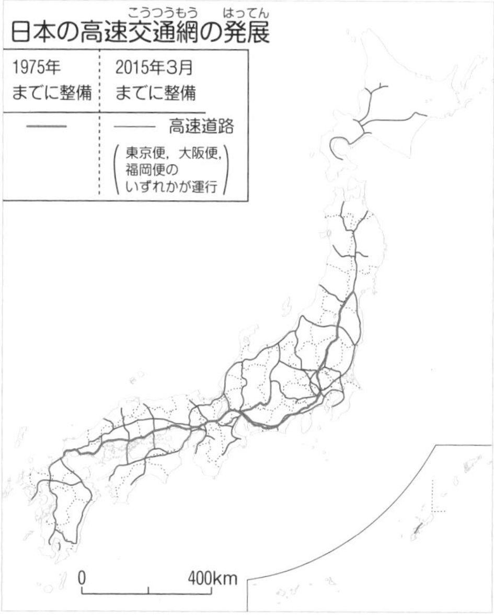

4　下線部⑤について，1950年代から1970年代にかけて問題となった四大公害病の1つは，石油化学工場から排出《はいしゅつ》されたけむりが原因《げんいん》で起きました。その公害病の名前を書き，発生場所を右の**地図2**の**A**～**D**の中から1つ選び，記号を書きなさい。(完答10点)

地図2

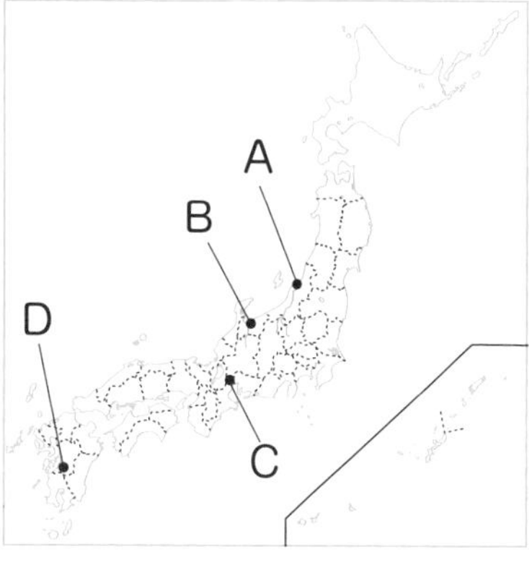

公害病名

発生場所

確認《かくにん》テスト

学習日　　月　　日　得点　　／100点

1　ゆうとさんは父，母，姉のさくらさんと家で過《す》ごしています。次の家族の会話を読んで，あとの問いに答えなさい。

父　：このあと，午後2時からの天気はどうなっているかな？
母　：①テレビで気象《きしょう》情報《じょうほう》を見てみましょう。ちょうど②ニュースの時間だし，最新の予報がわかるんじゃないかな。
あら，午後は雨がふるみたいね。
ゆうと：そうなんだ，午後から友だちと外で遊ぼうと思っていたのに。
さくら：残念だね。そういえば，③コンビニエンスストアのしくみを調べる宿題があるって言っていたけれど，もうやったの？
ゆうと：その宿題はもう終わったよ。インターネットで調べてみたんだ。お父さん，見てくれる？
父　：いいよ。あれ，この文章，ネットの記事で読んだことがあるぞ。もしかしてインターネットにのっていた記事をそのまま書いたのかな？
ゆうと：いけない？
父　：④インターネットの記事をそのまま書く場合は，その記事を書いた人の許可《きょか》をもらい，だれの記事を参考にしているのか，書かないとだめだよ。お父さんがさっきまで読んでいた新聞にもコンビニエンスストアのことがのっていたから，これも読んでごらん。
ゆうと：わかったよ。ありがとう，お父さん。
母　：ところで今夜の夕飯は野菜いためにしようかと思うけど，いいかな。
この前，⑤インターネットショッピングでキャベツを買って，今日はスーパーマーケットで⑥この地域《ちいき》でつくられたにんじんを買ったの。新鮮《しんせん》な野菜を食べることができるよ。
さくら：わぁ，楽しみ。わたしも料理を手伝うね。

1　下線部①について，最新の気象情報を調べるのに適《てき》しているメディアはテレビ以外に何が考えられるか，次の**ア**～**ウ**の中から1つ選び，記号を書きなさい。

（5点）

ア　雑誌《ざっし》
イ　インターネット
ウ　新聞

2　下線部②について，ニュース番組で大事なこととして適切なものを，次の**ア**～**エ**の中から1つ選び，記号を書きなさい。(5点)

ア　記者が取材したことを，アナウンサーが自分で取材したように伝える。

イ　番組を見ている人の注目をひくために，少し大げさに伝える。

ウ　暗くなりがちなニュースを，面白おかしく説明する。

エ　事件《じけん》や事故《じこ》などの情報を正確《せいかく》に伝える。

3　下線部③について，右の図のようなシステムによって，コンビニエンスストアなどのお店ではさまざまな情報を集め，活用しています。このシステムのことを何というか，書きなさい。(10点)

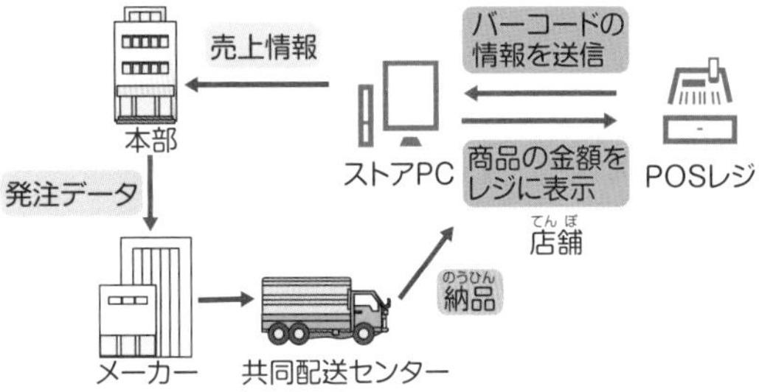

4　下線部④について，インターネットを利用するときにしてはいけないことを，次の**ア**～**エ**の中から1つ選び，記号を書きなさい。(5点)

ア　自分がとったペットの写真を友だちに電子メールで送る。

イ　友だちの名前を使って，チャットや掲示板《けいじばん》に意見を書きこむ。

ウ　親がさつえいした自分の動画を，親といっしょに投こうする。

エ　自分が作詞《さくし》・作曲した歌を，インターネットで売る。

5　下線部⑤について，母はインターネットショッピングで買い物をして，クレジットカードで支《し》はらいをしました。クレジットカードを使うときの危険性《きけんせい》を，「情報」という言葉をつかって，書きなさい。(15点)

6　下線部⑥について，このようにそれぞれの地域で生産された食料をその地域で消費《しょうひ》することを，漢字4字で何というか，書きなさい。(10点)

2 たくやさんは森林のはたらきについて調べました。イラストを使って弟のだいきさんに説明をしています。あとの問いに答えなさい。

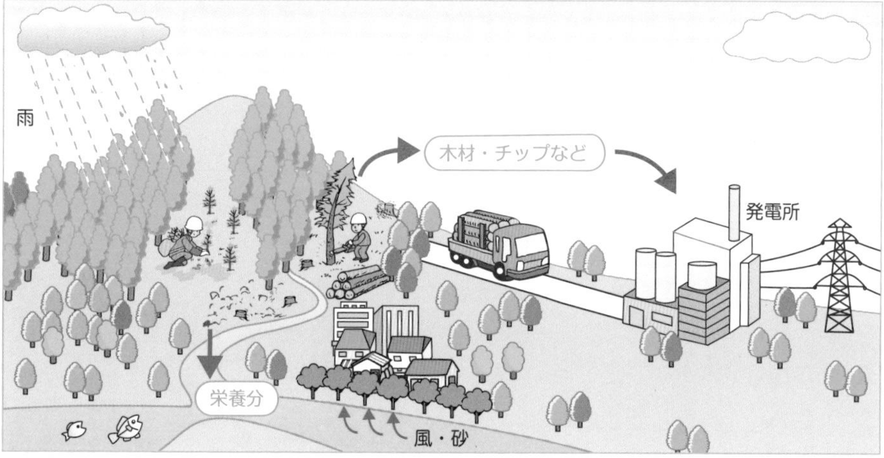

だいき：お兄ちゃん，山で人が木を切っているよ。
たくや：そうだね，これは間ばつというんだ。間ばつは生長中の木を一部切りたおす作業のことだよ。
だいき：なんで生長中の木を切るの？　木が多すぎてはいけないの？
たくや：多すぎると，□があまりとどかず，うまく生長しない木も出てきてしまうんだよ。でも反対に木が少なすぎてもダメなんだ。山に木があることで土砂《どしゃ》が流出するのを防《ふせ》いでいるんだ。
だいき：木はすごいんだね。

1　上の説明文の空らんにあてはまる言葉を書きなさい。(5点)

2　下線部について，木があるとなぜ土砂は流出しないのか，次の説明文の①・②にあてはまる言葉をそれぞれ書きなさい。(各5点)
・木の（　①　）がしっかり張《は》っていると（　②　）が固定されるから。

①　　②

3　イラスト中の発電所では，ばっ採《さい》された木材の木くずが燃料《ねんりょう》として活用されています。このようにしてつくられたエネルギーを何というか書きなさい。
(10点)

3 自然災害《さいがい》に関して，あとの問いに答えなさい。

1　年表とグラフから読み取れることを下の**ア**～**エ**の中から1つ選び，記号を書きなさい。(5点)

年表　1990年以降《いこう》のおもな自然災害

年	地震《じしん》・津波《つなみ》・噴火《ふんか》
1990	雲仙《うんぜん》普賢岳《ふげんだけ》噴火
1995	阪神《はんしん》・淡路《あわじ》大震災《だいしんさい》
2000	有珠山《うすざん》噴火，三宅島《みやけじま》噴火
2004	新潟県中越《ちゅうえつ》地震
2008	岩手・宮城内陸地震
2011	東日本大震災
2014	御嶽山《おんたけさん》噴火
2015	口永良部島《くちのえらぶじま》噴火
2016	平成28年熊本地震

グラフ　2012～2019年の地震発生件数《けんすう》

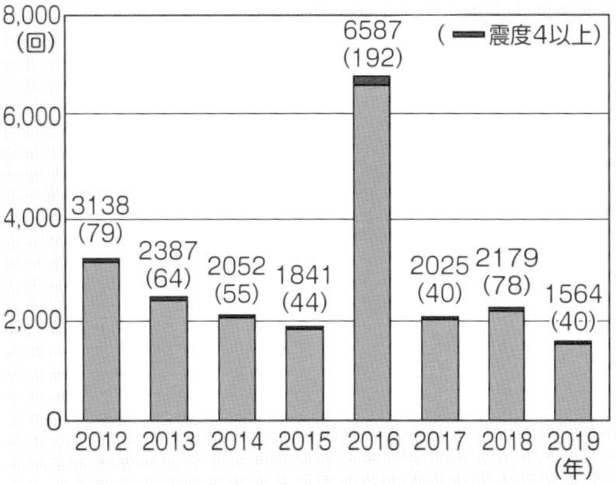

気象庁「震度データベース検索」

ア　2004年から2015年の間に大震災《しんさい》が1回発生していて，2015年からの地震の発生回数は年々増《ふ》え続けている。

イ　2014年と2015年は大きな火山の噴火《ふんか》が起き，地震の発生回数も2014年と2015年が最も多い。

ウ　東日本大震災の次の年から4年間は地震が減《へ》っていった。

エ　平成28年熊本地震の次の年からの3年間分の地震の発生回数を合わせると，平成28年熊本地震が発生した年の2倍以上である。

2　自然災害に対して，国や都道府県はさまざまな対策《たいさく》をしています。次の**A**～**D**の自然災害の対策として正しいものを，下の**ア**～**エ**の中から1つずつ選び，記号を書きなさい。(各5点)

A　大雨　　B　なだれ　　C　噴火　　D　地震

ア　山の頂上《ちょうじょう》付近にひなん場所をつくる。

イ　川の水を地下に流すことができる場所をつくる。

ウ　公共施設《しせつ》を強いゆれにたえられるように改修《かいしゅう》工事をする。

エ　山の斜面《しゃめん》の雪がくずれないように防止《ぼうし》さくをつくる。

A　　**B**　　**C**　　**D**

英語

単語リスト

■50ページからのテストに取り組む前に単語を確《たし》かめましょう。

■時刻

W-01

six
6時

six thirty
6時30分（6時半）

seven
7時

seven fifteen
7時15分

seven thirty
7時30分（7時半）

seven forty-five
7時45分

eight
8時

nine
9時

■日本でできること

W-02

see Mt.Fuji
富《ふ》士《じ》山《さん》を見る

go to Kyoto
京《きょう》都《と》に行く

see many temples
たくさんのお寺を見る

■ものの様子

W-03

□ delicious	とてもおいしい	□ exciting	わくわくする
□ beautiful	美しい	□ great	すばらしい
□ famous	有名な	□ nice	すてきだ

■すること

W-04

□ swim	泳ぐ	□ sing	歌う
□ run	走る	□ dance	おどる
□ jump	飛びあがる	□ cook	料理する
□ buy	買う	□ see	見る
□ visit	おとずれる	□ eat	食べる
□ go to ～	～へ行く	□ play the piano	ピアノをひく
□ play the guitar	ギターをひく		

■曜日　※曜日の名前は大文字で書き始めます。　W-05

□ Monday	月曜日	□ Tuesday	火曜日
□ Wednesday	水曜日	□ Thursday	木曜日
□ Friday	金曜日	□ Saturday	土曜日
□ Sunday	日曜日		

■教科　W-06

□ P.E.	体育	□ math	算数
□ Japanese	国語，日本語	□ science	理科
□ social studies	社会	□ English	英語
□ moral education	道徳	□ music	音楽
□ arts and crafts	図画工作		

■職《しょく》業《ぎょう》　W-07

□ a doctor	医者	□ a florist	花屋さん
□ a pilot	パイロット	□ a teacher	先生，教師
□ an artist	芸《げい》術《じゅつ》家《か》，美《び》術《じゅつ》家《か》	□ a cook	コック，料理人
□ a musician	音楽家	□ a soccer player	サッカー選手
□ a programmer	プログラマー	□ a zookeeper	動物園の飼《し》育《いく》係《がかり》
□ a singer	歌手	□ a comedian	コメディアン
□ a pianist	ピアニスト	□ an astronaut	うちゅう飛行士
□ a police officer	警察官《けいさつかん》	□ a firefighter	消《しょう》防《ぼう》士《し》
□ a basketball player	バスケットボール選手		
□ a baker	パン屋さん	□ a bus driver	バスの運転手
□ a figure skater	フィギュアスケートの選手		

■道案内　W-08

□ go straight	まっすぐ進む	□ turn right	右に曲がる
□ turn left	左に曲がる	□ block	区画，ブロック

□ at the (first/second/third/fourth) corner
（1つ目の／2つ目の／3つ目の／4つ目の）角で

□ on your left	あなたの左側に	□ on your right	あなたの右側に

■数　W-09

□ one hundred ／ a hundred　100（の）
□ five hundred　500（の）
□ one thousand ／ a thousand　1000（の）

□ two thousand	2000（の）	□ ten thousand	10000（の）

英語

1 確認《かくにん》テスト

学習日　　月　　日

1　みきが教室で自己《じこ》しょうかいをしています。音声を聞いて，**ア**～**ウ**の英語を聞こえた順にならべかえましょう。　01

ア　My name is Miki.
イ　Hello.
ウ　Nice to meet you.

2　あなたに質問《しつもん》をします。音声を聞いたら，まずは声に出してその質問に答えましょう。そのあとに，答えた文を**4線**に書きましょう。　02

22TS68

2022年度 小学生向け

Z会の通信教育のご案内

おためし教材さしあげます!
くわしくは最終ページへ!

3つのアプローチで「考える力」を育みます

- お子さまに寄り添う **個別指導**
- 品質に **こだわり抜いた** 教材
- 学習への **意欲を高める** しくみ

Z会は顧客満足度 No.1!

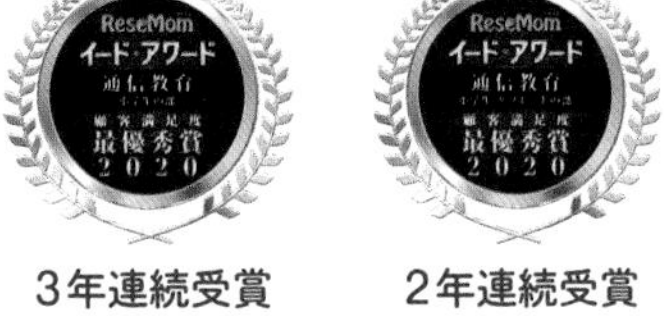

3年連続受賞　2年連続受賞

Z会の通信教育 小学生向けコースはイード・アワード 2020「通信教育」小学生の部・小学生タブレットの部にて総合満足度最優秀賞を受賞しました。
株式会社イード https://www.iid.co.jp/

Z会
の通信教育

目標や目的に合わせて、一人ひとりに最

小学生コース

1～6年生

いつの間にか実力がついている。
それは「考える力」の成果です。

1・2年生

シンプルかつ上質な教材で勉強の楽しさを味わいながら、学習習慣を身につけます。国語・算数、Z会オリジナル教科「経験学習」とデジタル教材の英語、プログラミング学習をセットで。さらに思考力をきたえるオプション講座もご用意しています。

セット受講	国語　算数　経験学習 デジタル教材　英語　プログラミング学習
オプション講座	みらい思考力ワーク

Z会員の
98.9*%
が教材の質に満足！
＊2021年度小学生コース会員アンケートより

3・4・5・6年生

教科書の内容をおさえながら、ひとつ上の知識や応用問題も盛り込んだ学習で、確かな学力と自分で考えて答えを導き出す力を養っていきます。主要4教科や英語に加え、目的に応じた専科講座など、あらゆる学びに対応。お子さまひとりで取り組めるシンプルかつ質の高い教材で、学習習慣も自然に定着します。

本科	国語　算数　理科　社会 英語　5・6年生 デジタル教材　プログラミング学習
専科	3・4年生　英語　思考・表現力 5・6年生　作文　公立中高一貫校適性検査 6年生　公立中高一貫校作文

※1教科・1講座からご受講いただけます。

公立中高一貫校対策もできる！
2021年度合格実績（抜粋）

小石川中等教育学校	33名
都立武蔵高等学校附属中学校	33名
都立白鷗高等学校附属中学校	36名
桜修館中等教育学校	47名
三鷹中等教育学校	37名
土浦第一高等学校附属中学校	8名
千葉県立千葉中学校	13名
千葉県立東葛飾中学校	9名
横浜サイエンスフロンティア高等学校附属中学校	16名
相模原中等教育学校	32名
西京高等学校附属中学校	12名

その他の公立中高一貫校にも多数合格！

※Z会員合格者数は、小学6年生時に以下の講座を受講した方の集計です。Z会通信教育・Z会映像授業・Z会プレミアム講座、Z会の教室本科・講習、および提携塾のZ会講座。
※内部進学は除きます。　（2021年7月31日現在判明分）

最新の合格実績は　Z会 合格実績　検索

適な教材・サービスをご用意しています。

小学生タブレットコース

1～6年生

Z会ならではの良問にタブレットで楽しく取り組めるコースです。

自動丸つけ機能や正答率に応じた難度の出し分け機能を活用し、Z会の「本質的で『考える力』を養う学び」を、より取り組みやすい形でお子さまにお届け。デジタルならではの動きを伴った教材で視覚的に学ぶことができ、理解が深まります。「自分でわかった」の積み重ねが自信ややる気を引き出し、自ら学ぶ姿勢を育みます。

Z会員の96.6%*が今後も続けたい！
※2021年度小学生タブレットコース会員アンケートより

1～2年生セット受講：国語　算数　みらいたんけん学習　英語　プログラミング学習

3～6年生セット受講：国語　算数　理科　社会　英語　プログラミング学習　〔3年〕未来探究学習　〔4-6年〕総合学習

※小学生タブレットコースの受講には、タブレット端末等のご用意が必要です。

中学受験コース

3～6年生

[トータル指導プラン]

受験直結の教材と指導で難関中学合格の実力を養います。

難関国私立中学の入試を突破できる力を、ご自宅で養うコースです。お子さまの発達段階を考慮して開発したオリジナルカリキュラムで、効率よく学習を進めていきます。

映像授業による解説授業など、全学年ともタブレットを用いたデジタルならではの機能で、理解と定着を強力サポート。記述力は、従来どおり自分の手で書く積み重ねと、お子さまの理解度に合わせた手厚い添削により、常に最善の答案を練り上げられるように指導します。さらに6年生の後半には、より実戦的な専科もご用意し、合格へ向け万全のバックアップを行います。

※要点学習に特化したプランもあります。

本科：国語　算数　理科　社会
※中学受験コース本科の受講には、タブレット端末等のご用意が必要です。
※1教科からご受講いただけます。

専科：6年生のみ　頻出分野別演習　志望校別予想演習

2021年度合格実績（抜粋）

筑波大学附属駒場中学校	21名
開成中学校	32名
麻布中学校	23名
桜蔭中学校	15名
豊島岡女子学園中学校	25名
渋谷教育学園幕張中学校	40名
聖光学院中学校	16名
フェリス女学院中学校	6名
東海中学校	9名
清風南海中学校	8名
西大和学園中学校	23名
神戸女学院中学部	5名
灘中学校	10名

その他の難関国私立中学にも多数合格！

※Z会員合格者数は、小学6年生時に以下の講座を受講した方の集計です。Z会通信教育・Z会映像授業・Z会プレミアム講座、Z会の教室本科・講習、および提携塾のZ会講座。
※内部進学は除きます。（2021年7月31日現在判明分）

最新の合格実績は　Z会　合格実績　検索

3 りか，たくや，ゆりが，自分のできることを話しています。音声を聞いて，だれが，何ができるかを答えましょう。名前はそれぞれ日本語で書きましょう。

03

りか　　たくや　　ゆり

ピアノをひく

料理をする

速く走る

4 けんたが，あやの学校の時間割《じかんわり》についてたずねています。2人の会話を聞いて，その内容《ないよう》に合うように，曜日と教科を線で結びましょう。

04

けんた　　あや

火曜日　　水曜日　　木曜日

5　さきとたけるの会話を聞いて，たけるが起きる時間とねる時間を**ア～ウ**からそれぞれ選び，記号で答えましょう。　05

ア

イ

ウ

起きる時間 □

ねる時間 □

たける　　さき

6　あなたに質問《しつもん》をします。音声を聞いたら，あなたについての答えを□に英語で書きましょう。うすい文字はなぞりましょう。　06

I eat breakfast □ □ .

7 女の子が，友達のたかしをしょうかいする英語を書いています。下の４つの絵を見て，□にあてはまるものを**ア～エ**から２つ選び，記号で答えましょう。

My friend, Takashi

This is Takashi.

He is my friend.

□

□

He is my hero.

ア　He can play the piano well.

イ　He is good at cooking.

ウ　He can swim well.

エ　He is smart.

8 ゆりとたくやが書いた英文を読んで，２人が好きな教科と将来《しょうらい》の夢《ゆめ》をそれぞれ日本語で答えましょう。

Hi.　I'm Yuri. I like math. I want to be a teacher.	Hi.　I'm Takuya. I like P.E. I want to be a baseball player.

ゆり

たくや

ゆり		たくや	
好きな教科		好きな教科	
将来の夢		将来の夢	

確認《かくにん》テスト

学習日　　月　　日

1 地図の★の地点で，ゆうたが女の人に道順を教えています。2人の会話を聞いて，女の人が行こうとしている場所を**ア**～**エ**から1つ選び，記号で答えましょう。

🔊 07

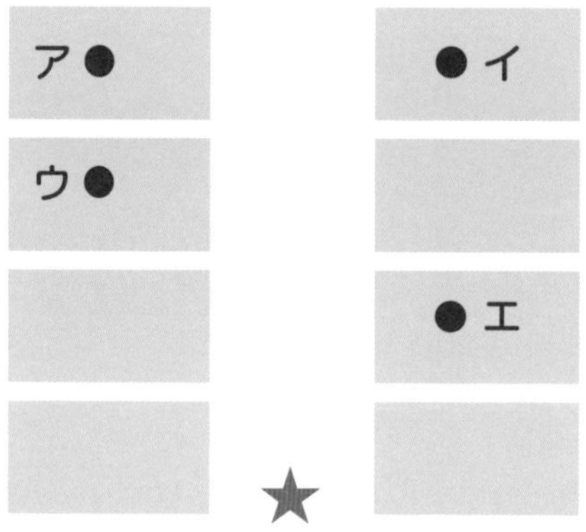

2 先生と3人の子どもたちの会話を聞いて，りな，たくや，えりがかばんの中に持っているものをそれぞれ線で結びましょう。

🔊 08

3 お店の人とまきの会話を聞きましょう。まきが購入《こうにゅう》した商品はどれですか？**ア**～**ウ**から１つ選び，記号で答えましょう。 09

まき　　店員

4 サラがクラスで自分のヒーローをしょうかいしています。話を聞いて，その内《ない》容《よう》に合うものを**ア**～**ウ**から１つ選び，記号で答えましょう。 10

5 日本に行きたいと言っている外国人のメアリーに，日本でできることを教えてあげましょう。音声を聞いたら，下の▢に入れる英語を考え，文を声に出して言いましょう。そのあとに，その英語を**4線**に書きましょう。 11

You can

6 あなたが飲食店に来たとします。お店の人の質問《しつもん》を聞いたら，まずは声に出して，下の食べ物と飲み物を注文しましょう。そのあとに，その英語を**4線**に書きましょう。 12

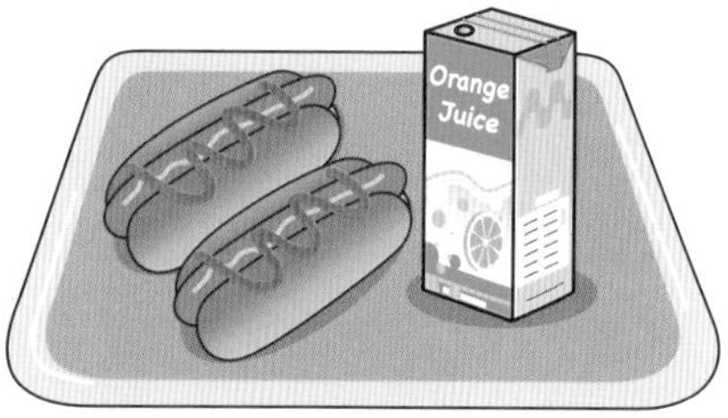

7 はるかが，英語の授業で英語の文を書いています。はるかが書いた英文を読んで，その内容と合うものを**ア～ウ**から1つ選び，記号で答えましょう。

I want to go to the USA.
I want to visit New York.
I want to eat hamburgers.

はるか

ア はるかは中国について勉強したい。
イ はるかはアメリカ合衆国へ行きたい。
ウ はるかはハンバーガー屋さんで働きたい。

---

8 地図の★の地点に，公園の案内板が立っています。それを読んで，公園がある場所を**ア～エ**から1つ選び，記号で答えましょう。

Welcome to
Midori Park!

Turn right at the station.
You can see it on your left.

station

●ア
イ●　●ウ
　　●エ

★

「待てよ、力」
「やだ」
力は階段《かいだん》を上っていく。
いつもなら、ここでぼくはあきらめる。①なにもしないでいいと親から言われている力に、なにを言ってもムダだったから。
でも、今日という今日は、決着をつけたい。オヤジに説教されるはらいせに弟に説教をしようとしているわけじゃないと思うけど、どうしても、②とことん言いたくなってきた。
ぼくは階段をかけ上り、力の部屋のドアをたたく。
「力、部屋に入れろよ」
「やだよ！　お兄ちゃんこわいから！」
「ただ話をしたいだけだよ」
「ぶったら、おとうさんとおかあさんに言いつけるからね！」
③ドキッとした。前に一度だけ、力をぶったことがある。ぼくが小学校六年生で、力はまだ一年生だった。ぼくが大事にしていたゴッホ展《てん》のカタログを力が勝手に持ち出して、どこかに置きわすれてきたのに、あやまりもしなかったからだ。初めて連れていってもらった思い出深い展覧会《てんらんかい》で、とても気に入ったイスの絵があったのに。
「いいじゃん、また買えば」と、力はそのとき言った。でも、カタログは本屋で売っているものじゃない

エ　A　ニコッと　B　ヒヤッと

(3) ——②とありますが、「ぼく」は「力」に対してどのようなことを言いたかったのですか。「勉強」という言葉を使って書きなさい。(10点)

(4) ——③とありますが、それはなぜですか。次の中から一つ選び、記号を○で囲みなさい。(10点)

ア　力が、自分に対してこわいと言ったことが悲しかったから。
イ　力が、自分のうそを見ぬいていることに気づいたから。
ウ　力が、以前一度だけ自分がぶったのを今も覚えていることを知ったから。
エ　力が、知らない間にたくましくなっていると感じたから。

(5) この文章から、力のどのような性格《せいかく》が読み取れますか。次の中から一つ選び、記号を○で囲みなさい。(10点)

ア　いつも細かいことが気にかかる性格。
イ　自分の得意《とくい》な部分をのばそうとする前向きな性格。
ウ　争いごとをなるべくさけようとするやさしい性格。
エ　物事に消極的で、理由をつけて開き直る性格。

5 次の文章を読んで、あとの問いに答えなさい。

「おまえ、勉強しなくていいのか。おまえの小学校も、もうすぐテストだろ」

「んー」

「おい」

力《りき》はやっと顔を上げると、めんどうくさそうにぼくを見た。

「いいんだよ、ぼくは。ムリしなくていいの。がんばるのはお兄ちゃんだけでいいの」

「なんだよ、それ」

力は[A]笑った。

「だって、おかあさんもおとうさんも、いつも言うもん。ぼくは生きてるだけでいいんだって。ムリをすると熱が出ちゃうから」

[B]した。こいつはいつもこれだ。

でも、たぶん力のせいじゃない。かあさんとオヤジが悪いんだ。

「熱が出るほど勉強しろとは言ってないよ。ただ、元気なら、テレビばっかり観《み》てないで少しは勉強もしたほうがいいんじゃないか」

「うるさいなあ。ほんとはテレビ観たいだけなんでしょ。はいどうぞ」

力は立ち上がると、ぼくにリモコンをわたして、すたすた歩いていく。

……………………

し、展覧会《てんらんかい》はとっくに終わっていた。ぼくはかっとして、力《りき》のほっぺたをひっぱたいてしまった。手かげんはしたつもりだった。でも力は大泣きし、そのあと熱まで出して、ぼくはオヤジにこっぴどく説教された。小さな弟をひっぱたいた自分と、わざと熱を出したんじゃないかと思う力に、ぼくは同時にはらを立てた。

それ以来、一度も手をあげたことはないのに、力はまだ覚えているんだろうか。ぼくがオヤジにひっぱたかれてぶっ飛んだときのように、こいつの心にはきょうふの記憶《きおく》としてこびりついているんだろうか。軽くたたいただけだったのに。

佐藤《さとう》まどか『一〇五度』（あすなろ書房刊）

(1) ——①とありますが、なぜ両親は力《りき》になにもしないでいいと言うのですか。文章中の言葉を使って書きなさい。（10点）

(2) [A]・[B]にあてはまる言葉の組み合わせとして正しいものを次の中から一つ選び、記号を○で囲《かこ》みなさい。（10点）

ア A サラッと　B グサッと

イ A ニカッと　B ムカッと

ウ A フワッと　B イラッと

(6) なべで□《えだ》□《まめ》をゆでる。

(7) バスが急に□《てい》□《しゃ》する。

(8) チームを□《ひき》いる。

(9) 河原でお弁当《べんとう》を食べる。（　　）

(10) 音楽の素質がある。（　　）

3 次の文の——の言葉を、(1)はけんじょう語に、(2)はていねい語に書き直しなさい。（各5点）

(1) 先生に作品を見せる。

(2) ここに名前を書く。

4 次の文章の——の言葉の中で、敬語の使い方がまちがっているものを二つ選び、（　）に記号を書き、正しい敬語に書き直しなさい。（両方できて各5点）

先生が①めしあがった料理は、とてもめずらしいものだと、父に②うかがいました。父も、ぜひ③いただいてみたいと④おっしゃっていました。

（　）・

（　）・

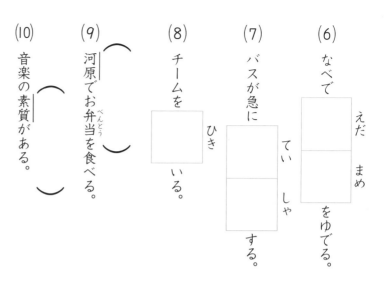

国語

5 確認《かくにん》テスト

学習日　月　日

得点　／100点

1 □には漢字を書きなさい。また、（　）には読みがなを書きなさい。（各2点）

(1) □《きん》□《がん》なのでめがねが必要だ。

(2) ノートの□《よ》□《はく》。

(3) □《じょう》□《けん》を伝える。

(4) □《ぼう》□《さい》訓練を行う。

(5) 曲を□《さい》□《せい》する。

2 次の——の敬語《けいご》の種類をあとの**ア**～**ウ**の中から一つずつ選び、（　）に記号を書きなさい。また、敬語をふつうの言い方に書き直しなさい。（両方できて各5点）

(1) 明日、そちらへうかがう予定です。

（　）・□

(2) 後でお電話を差し上げます。

（　）・□

ア 尊敬語《そんけいご》　**イ** けんじょう語　**ウ** ていねい語

るのです。[A]中国では、こうていは「時をも支《し》配《はい》する存在《そんざい》」とされていました。この表現などは、こよみを司ることと権力《けんりょく》の関係を非常《ひじょう》によく表しているといえるでしょう。

4 こよみをはあくしておくことには、②現実的な理由もありました。農業にとって、いつ梅雨《つゆ》に入り、いつ台風が来るのか、それによっていつ川のはんらんがあるのかということは、その年のしゅうかく量を左右する非常に重要な情報《じょうほう》であるからです。民を養っていくという意味においても、こよみを知ることは非常に大切なものだったわけです。[B]天文学と政治は、古代においてはほとんど一体となっていました。

5 「時計」はこよみからスタートし、その「時計」を見ながら生活に応用《おうよう》していたわけですが、太陽の動きを時間観念の基本におくのは、おそらく人間だけではなく、他の動物もそうでしょう。夜行性《せい》の動物もいますし、そこに周期があることを認識《にんしき》していることがわかります。とにかく、太陽の動きが一番わかりやすいのです。道具が何もなくても、太陽を見れば、朝・昼・夕方・ばん、ということがわかりますから。

6 とはいえ、この段階《だんかい》では、1日の長さや季節の移《うつ》ろいはわかっても、現在、わたしたちが普通《ふつう》に認識している「1分」「1秒」という細かい時間の概《がい》

(3) ――②とありますが、どのような理由ですか。説明した次の文の[ ]にあてはまる言葉を、文章中の言葉を使って書きなさい。（各10点）

梅雨《つゆ》や台風、川のはんらんする時期は、[ ]情報《じょうほう》であり、政治《せいじ》を行うものが[ ]ために必要な情報だったから。

(4) この文章の内容《ないよう》として正しいものを次の中から一つ選び、記号を○で囲みなさい。（10点）

ア 動物は人間よりもずっと早い段階《だんかい》から一日を朝・昼・夕方・ばんに区切ってとらえていた。

イ 太陽の動きは動物だけでなく人間にもえいきょうをあたえ、細かい時間の概念《がいねん》が生まれるもとになった。

ウ 一日という区切りの後に一分や一秒という細かい時間が生まれ、動物の生活に周期が生まれるようになった。

エ 人間が時計を発明したことで一分や一秒という細かい時間ができ、それをまとめてこよみが作られた。

5 次の文章を読んで、あとの問いに答えなさい。

1 人類最初の時計というのは、「こよみ」といわれるものです。分かりやすく言うとカレンダーであり、これは1日を単位とする一覧《いちらん》式のデジタル時計といえます。こよみとは、太陽や月の動きを基準《きじゅん》に時間の流れを測《はか》り、体系《たいけい》づけていくこと。太陽と月が基本《きほん》中の基本で、何千年もの間、人間にとっては、これが時計代わりでした。

2 太陽と月、二つの天体の動きを基本にするということは、ことなる周期をもつ現象《げんしょう》を組み合わせる、ということでもあります。要するに、観察対象が一つでは時間を計るのに都合がよくないわけですね。つまり、このように時間を計るにあたっては、①最小公倍数の考え方がもとにあるということになります。素数《そすう》の考え方、といってもよいでしょう。こよみの誕生《たんじょう》は、同時に、数学の芽生えでもあったのです。

3 また、こよみは日食をはじめとする天体現象の「予言」にも必要でした。昔、こよみをつくることは、天文学ではありますが「占星術《せんせいじゅつ》」であり、政治《せいじ》ともほとんど直結していたといえます。古代の為政《いせい》者《しゃ》(王)は、そのような天の変化、すなわち〝天変〟などを全てはあくして予言し、それを民衆《みんしゅう》に知らせることによってけんいを保《たも》っていたようなところがあ

念《ねん》はありません。そもそも当時の人々としては、「太陽が出たら起きて働いて、日がしずむ前にかえってねる」といったような大雑把《おおざっぱ》な概念《がいねん》しか必要でなかったはずです。それが、ある時点から「1日」として区分されるようになりました。

安田正美《やすだまさみ》『1秒って誰が決めるの？』(筑摩書房刊)

(1) ——①とありますが、時間において、これはどのような考え方ですか。説明した次の文の［　］にあてはまる言葉を、文章中の言葉を使って書きなさい。(10点)

［　　　　］をもつ現象《げんしょう》を組み合わせて、時間の複雑《ふくざつ》な流れに対応《たいおう》しようとする考え方。

(2) ［A］・［B］にあてはまる言葉の組み合わせとして正しいものを次の中から一つ選び、記号を○で囲《かこ》みなさい。(10点)

ア A また　B むしろ
イ A ところが　B ところで
ウ A たとえば　B だから
エ A つまり　B そのうえ

(6) てきせい［　　］な評価《ひょうか》をする。

(7) じほう［　　］を聞く。

(8) 友人を家にしょうたい［　　］する。

(9) 綿花をさいばいする。（　　）

(10) 川の水が逆流する。（　　）

4 次の文章の――(1)〜(6)は特別な読み方をする熟語です。(1)〜(3)は漢字に、(4)〜(6)はひらがなに直して［　］に書きなさい。（各3点）

(1)あすは (2)たなばただ。去年は雨がふったけれど、(3)けさのニュースによると(4)今年、天気は悪くなさそうだ。織姫《おりひめ》と彦星《ひこぼし》が一年に一度も会えないのはかわいそうなので、たなばたの日は毎年天気がよければいいなあと思っている。織姫《おりひめ》と彦星《ひこぼし》の (5)二人もこの日を楽しみにしているだろう。

織姫《おりひめ》と彦星《ひこぼし》が、天の川で(6)迷子にならず、無事に会えるといいなと思う。

(1)［　　］ (2)［　　］

(3)［　　］ (4)［　　］

(5)［　　］ (6)［　　］

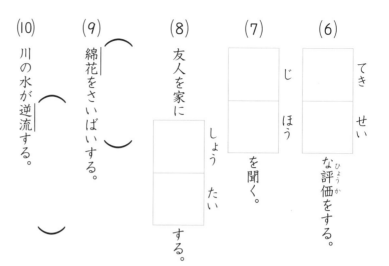

国語

4 確認《かくにん》テスト

学習日　　月　　日

得点　　／100点

1

□には漢字を書きなさい。また、（　）には読みがなを書きなさい。（各2点）

(1) 建物の設備《せつび》を□□《てんけん》する。

(2) 日本の□□《れきし》を学ぶ。

(3) 無事に□□《しゅじゅつ》が成功する。

(4) □□《てせい》の料理をふるまう。

(5) □□《だんち》に住む。

2

次の熟語《じゅくご》と同じ組み立てのものをあとの**ア**〜**ウ**の中から一つずつ選び、（　）に記号を書きなさい。（各3点）

(1) 増減《ぞうげん》（　）　(2) 高速（　）

ア 出国　**イ** 黒板　**ウ** 往復《おうふく》

3

次の文の意味にあう四字熟語をあとの**ア**〜**ウ**の中から一つずつ選び、（　）に記号を書きなさい。（各3点）

(1) あまりちがいがないこと。（　）

(2) めったに起こらないめずらしいこと。（　）

ア 空前絶後《くうぜんぜつご》　**イ** 十人十色　**ウ** 大同小異《だいどうしょうい》

6 宗教《しゅうきょう》戦争にしても民族紛争《ふんそう》にしても同じようなことだが、こわがったりきらいになったりするのはこういうちょっとした①最初の食いちがいがだんだん大きく発達してしまうのだ。

7 犬に慣《な》れてこわくなくなってくると、そのことがよーくわかる。きっかけはどうであれ、自分の家で犬を飼《か》うようになって自分の犬に慣れると、犬に興《きょう》味《み》が出てくる。よその犬とすれちがうときでも、ほほう、君はそういう犬なのか、という目で見ている。そうすると②犬の方も、じつに平気な顔をして通り過《す》ぎる。ほとんどこちらを無視《むし》する感じだ。

8 外見からして、自分のどこがどう変わったのかはわからない。でも気持《きもち》は変わっている。犬に対する気持《きもち》が前とちがっていることはたしかなことだ。犬はそのちょっとした気持《きもち》というものをものすごく敏《びん》感《かん》に感じるみたいだ。

9 どうもこれはやはり民族の融和《ゆうわ》と同じことである。物理的に、データ的にどうといって計上できることではないけれど、ちょっとした感情《かんじょう》、何とはなしの相性《あいしょう》みたいなことがものすごく重要になってくるのだ。

赤瀬川原平《あかせがわげんぺい》「犬との歩み寄り」
（PHP研究所編『愛犬幸福論』PHP研究所刊）

(3) ――②とありますが、筆者はその理由をなぜだと考えていますか。「興味《きょうみ》」「けいかい」という言葉を使って書きなさい。（15点）

(4) この文章の内容《ないよう》として正しいものを、次の中から一つ選び、記号を○で囲みなさい。（15点）

ア 知らない人とは気持ちを通い合わせるのがむずかしいので、けいかいする必要がある。

イ 子供《こども》のときに受けた印象《いんしょう》というのは、大人になっても変わらないものである。

ウ こわがったりきらいになったりするのは、たがいのちょっとした感情《かんじょう》が左右している。

エ 犬は、動物のなかでも、飼《か》い主《ぬし》の気持ちの変化を読み取ることが得意《とくい》である。

4

次の文章を読んで、あとの問いに答えなさい。

1 ぼくはむかしはものすごく犬がこわかった。つまりいまはこわくないということだが、むかしはものすごくこわかった。

2 子供《こども》のころ、小学生、中学生、高校生、大人とずーっとこわかった。犬がちょっと見えただけでもう意識《いしき》しておびえて、［A］していた。

3 犬がこわかったというと、たいてい、子供のころかまれた経験《けいけん》があったんですかといわれる。でもとくにそれはない。あまりにもこわくて［A］して用心しているから、かまれるという接近状態《せっきんじょうたい》まではとてもいかなかった。とにかく見ただけでこわかったのだ。

4 みんなほかの人は案外と平気なので、どうしてあれほどのおそろしいものを意識せずにいられるのかと不思議でならなかった。

5 いまはもうほとんどこわくなくなったからわかるのだけど、こういうのはボタンのかけちがいみたいなもので、犬がこわくて［A］していると、犬をけいかいする強いパルスが発せられて、それを感じて犬はよけいにほえる。そうすると人間のほうはよけいにこわくなってけいかいのパルスが強力になる。そうすると犬はいよいよきばをむいて全力でほえてくる。

(1) 文章中に三つある［A］に共通してあてはまる言葉を次の中から一つ選び、記号を○で囲《かこ》みなさい。（10点）

ア ぐだぐだ
イ めそめそ
ウ びくびく
エ はらはら

(2) ——①とありますが、どういうことですか。それを説明した次の文の□にあてはまる言葉を文章中から五字で書きぬきなさい。（10点）

自分が相手を［　　　　　］と感じていると、相手もそれをなんとなく感じ取って自分をけいかいするようになるということ。

(6) 毛糸でマフラーを□《あ》む。

(7) □□《ぼうりょく》に反対する。

(8) □□□□□《きしょうよほうし》になる。

(9) 校舎を建てる。（　　）

(10) 海外に永住する。（　　）

使い方をまちがえているもの（　　）・（　　）

3 次のことわざの□にあてはまる漢字を書きなさい。また、そのことわざの意味をあとの**ア**～**エ**の中から一つずつ選び、（　）に記号を書きなさい。

（漢字と意味が両方できて各5点）

(1) □死に□生を得《え》る　（　　）

(2) □の□に念仏《ねんぶつ》　（　　）

ア 何度失敗してもあきらめずに成功をつかむ。

イ 意見を言っても少しも効《き》き目《め》がないこと。

ウ ほぼだめだろうという状況《じょうきょう》からなんとか助かる。

エ 次から次へとちがうものに興味《きょうみ》を示《しめ》す。

国語

3 確認《かくにん》テスト

学習日　月　日

得点　／100点

1 □には漢字を書きなさい。また、（　）には読みがなを書きなさい。（各2点）

(1) □《あつ》い本を読み終わる。

(2) □□□□《おうようもんだい》に苦労する。

(3) その言葉は□□《きんく》です。

(4) パーティーの□□《かいひ》を支《し》はらう。

(5) □□《じむ》の仕事を行う。

2 次の文章の(1)・(2)には、慣用句《かんようく》の一部の言葉が入ります。それぞれひらがな二字で□に書きなさい。また、(3)〜(6)の中から、使い方をまちがえているものを二つ選び、（　）に記号を書きなさい。（各5点）

何もかもうまくいかない日、「何かいいことないかな」とぼやいていたら、弟に「お姉ちゃん、まかぬ（ (1) ）は生えぬだよ」と言われた。思わずムッとした。というのは、弟は（ (2) ）からぼたもちという言葉が好きで、いつも思いがけずにラッキーなことが起きないかなと考えている。そして、(3)はら立たしいことにそんな弟にばかり幸運はおとずれているように思う。でも、結局何もやらないでいるのは(4)気が晴れてしまって、がんばっているときの方が落ち着く。(5)好きこそものの上手なれというし、努力すればきっとうまくやれるようになるだろうから、好きなことをがんばってみようかな。でも、どうやら、いつも楽観的にみえる弟も、落ちこむときはあるみたい。弟は弟なりになやみはあるのだ。(6)能《のう》あるたかはつめをかくすということかな。

(1) □□

(2) □□

ちて、早く一日を、そして一週間を終わらせてよと、水時計にもんくをいう。水滴《すいてき》の落ちるのがとてもおそい。いつもと同じはずなのに、とても、とてもおそい。ついたら早く落ちるだろうか、それとも、ゆらしたら……。

ふっと息をはいた。そんなことをしても、時間は速度をあげたりしない。一週間って、こんなに長かったのか……。

のろのろと、ちらばったせんたく物をひろいあげ、またきちんとたたんだ。なみだがじわっとわいてきた。

明日はママが帰ってくる。あたしは、ママが帰ってきますようにと心の中でつぶやきながら、水時計をひっくりかえした。

帰ってこられないかもしれないという思いは、頭の中から追いはらった。

昨夜、はらを立てたまま寝《ね》てしまった。②でも、今、あたしはすごく後悔《こうかい》している。

ママが病気になったのは、あまえ放題、わがまま放題、おまけに自分のことしか考えてない、あたしのせいかもしれないと思ったからだ。一つひとつの後悔《こうかい》を水時計のしずくにのせたら、下のカップからあふれだし、大きな川となり、海に流れこむだろう。

はてしのない後悔《こうかい》の海の向こうに、ふっと、ママの姿《すがた》が見えた。

にしがきようこ「水時計」（日本児童文学者協会編『1週間後にオレをふってください』偕成社刊）

(3) この文章の内容《ないよう》として正しいものを次の中から一つ選び、記号を◯で囲みなさい。（10点）

ア「あたし」は、せんたく物をほすのに時間がかかってしまったために学校にちこくした。

イ いつもと変わらず時間をきざむ水時計を見て、「あたし」はもどかしく感じた。

ウ「あたし」はママが明日は帰ってこないかもしれないことを受け入れようとしている。

エ ママが帰ってきたら、「あたし」は久《ひさ》しぶりにたっぷりあまえたいと思っている。

4　次の文章を読んで、あとの問いに答えなさい。

【「あたし」のママは病気で入院しています。もう少しで退院《たいいん》という時になって、ママの入院がもう少し長引くかもしれないということを聞いた「あたし」は、ショックを受けます。】

あたしがこんなに苦労していることを、ママは知らないんだ。朝、せんたく物をほしてて学校にちこくしそうになったこと。ごみを出すのにも手間どって、結局出しそびれて、にいちゃんにしかられたこと。にいちゃんのきげんの悪いとき、あたしがどんなにいやな思いをしながら息をしていたかってこと。

あたしは一人ぼっちなんだからねと、思いつくぜんぶの不満をあらい物にぶつけた。そして、①両手を思いっきりふり、水をはねとばしながら、あらい物を終えた。

せんたく物だって、ママがいればかたづけなくてもいいのにと、あたしはせんたく物の山をけとばした。せんたく物はリビングのすみへ飛んでいった。そのとき、水時計が目にはいった。ぽたり、ぽたり。あたしのいらだちなど、まったく気にすることもなく、いつもと同じように水滴《すいてき》を落としている。頭の中で、しずくの落ちるしずかな音がひびいた。

どうして、そんなにゆっくりなの？　何度もなんども。もっと早く落

(1)　——①とありますが、ここから「あたし」のどのような様子がわかりますか。次の中から一つ選び、記号を○で囲《かこ》みなさい。（10点）

ア　すっかり不満がなくなってすっきりしている様子。

イ　日々の不満がたまっていらいらしている様子。

ウ　これからどうしようかとあれこれ考えている様子。

エ　くよくよしても仕方がないとあきらめている様子。

(2)　——②とありますが、これについて次の問いに答えなさい。（各15点）

①　後悔《こうかい》する前の「あたし」の様子を説明した次の文の［　］にあてはまる言葉を、文章中の言葉を使って八字以内で書きなさい。

帰ってこないママに［　　　　　　　　］いる。

②　「あたし」の気持ちが変化した理由が書かれた一文をさがし、初めの五字を書きなさい。

［　　　　　］

(6) 妹が□□□《ほいくえん》に通い始める。

(7) 毎朝、体操《たいそう》するのが□□《しゅうかん》だ。

(8) 先生に□□《きょか》を得《え》る。

(9) 額にあせをうかべる。（　　）

(10) 市と市の境目に住む。（　　）

(2) たいしょう

ア 目標や目的となる人やもの。

イ 他と比《くら》べ合《あ》わせること。

ア □□

イ □□

(3) ようい

ア 簡単《かんたん》であること。

イ 前もって準備《じゅんび》をすること。

ア □□

イ □□

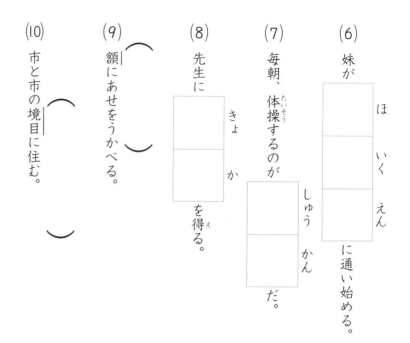

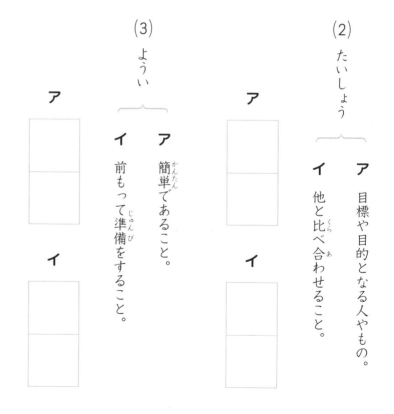

国語

2 確認《かくにん》テスト

学習日　月　日

得点　／100点

1 □には漢字を書きなさい。また、（　）には読みがなを書きなさい。（各2点）

(1) □《えき》□《たい》を試験管に入れる。

(2) むずかしい問題を□《と》く。

(3) 犬の□《か》い□《ぬし》をさがす。

(4) 市役所の□《しょく》□《いん》として働く。

(5) 銀行で□《ちょ》□《きん》を下ろす。

2 次の（　）にあう言葉を一つずつ選び、〇で囲《かこ》みなさい。（各5点）

(1) いくつか例を（ 上げる ・ 挙げる ）。

(2) 雑音《ざつおん》が（ 混《ま》じる ・ 交じる ）。

(3) 黒板の文字をノートに（ 移《うつ》す ・ 写す ）。

3 次の言葉がそれぞれの意味になるように、□に漢字で書きなさい。（両方できて各5点）

(1) いがい
- **ア** 思っていなかったこと。
- **イ** それをのぞいた他のもの。

ア □□

イ □□

②――これは日本以外の東南アジアの国々をみてもわかります。東南アジアの国々はアジアモンスーンという同じ気候で、水稲《すいとう》を中心にお米を主食にしています。

米づくりを始めたことで、しゅりょうと採集《さいしゅう》の時代より、共同作業の重要性《じゅうようせい》が高まりました。とくに水田づくりや水を引き排水《はいすい》するための水路づくりには、大人数が必要でした。

集落は、縄文《じょうもん》時代より大きなムラとよばれるものに発展《はってん》し、自然にリーダー（統率者《とうそつしゃ》）も生まれてきました。

また、米づくりを中心とする生活は、生活技術《ぎじゅつ》、食生活、信仰《しんこう》などに変化をもたらし、稲作《いなさく》文化を生み出していきました。

米づくりの技術にともなって、石包丁《いしぼうちょう》などの農具も伝わりました。弥生《やよい》時代の多くの集落いせきからは、たくさんの木製《もくせい》農具・石製農具が出土しています。土をたがやすためのくわやすき、田ならしで使う柄《え》ぶりや田下駄《たげた》、イネの穂《ほ》がりのための石包丁、だっこくのためのきねやうすなどがあります。その後、鉄製の道具にかわっていきますが、形はつい最近まで使われていたものとほとんど変わっていません。

常松浩史《つねまつひろし》『イネ・米・田んぼの歴史』（岩崎書店刊）

(3) ――②「これ」とありますが、どのようなことを指していますか。説明した次の文の□にあてはまる言葉を、文章中から四字と二字で書きぬきなさい。（各5点）

日本の米づくりが、□□□□がほとんど問題にならない□□で行われていること。

(4) この文章の内容《ないよう》として正しいものを次の中から一つ選び、記号を○で囲みなさい。（10点）

ア 日本では、主食となる米づくりに適《てき》した土地を求めて人びとが毎年移動《いどう》をくり返した。

イ 米づくりが日本に入ってきたため、人びとは他のものからエネルギーをとる必要がなくなった。

ウ 米づくりを始めたことによって、他の人と力を合わせて作業をすることがより大切になった。

エ 米づくりの初期に使われていたさまざまな道具は、今の道具ほど使い勝手がよくなかった。

5

次の文章を読んで、あとの問いに答えなさい。

主食とは食べ物の中で主なエネルギーをあたえてくれるもので、日本ではお米です。日本で米が主食となった理由はいくつかありますが、いちばんの理由は、米づくりが、日本の自然条件《じょうけん》によく合うからです。

水田での①米づくりには、温帯で梅雨《つゆ》などの雨が多い気候と、水と栄養が豊《ゆた》かな場所が適《てき》しています。中国から米が入ってきた九州地方は、気候的に米づくりに適していました。日本は、山が多く、開けた土地は限《かぎ》られています。開けた土地は川の下流に多く、水と豊かな栄養があるので、米づくりはこうした場所から広がっていきました。

とはいっても、米だけでは、まだ、人びとの食料を満たすことができませんでした。そのため、アワやヒエ、サトイモなどもあわせて作られ、動物や木の実も食べられていました。

主食にするためには、耕作地《こうさくち》となるかぎられた土地で毎年作られなければなりません。多くの作物は、同じ土地で作り続けると、連作障害《しょうがい》といって、だんだん育ちが悪くなります。陸稲《りくとう》には連作障害がありました。幸いなことに、水田さいばいでは連作障害はほとんど問題となりません。その結果、日本で米づくりといえば、ほとんどが水稲《すいとう》なのです。

(1) この文章の話題は何ですか。次の中から一つ選び、記号を○で囲《かこ》みなさい。(10点)

ア 日本の自然
イ 日本の米づくり
ウ 日本の地形
エ 日本の集落

(2) ——①「米づくり」について、次の問いに答えなさい。

① 米づくりは、どんな条件《じょうけん》の場所から日本中に広がっていったのですか。文章中の言葉を使って説明しなさい。(10点)

② 米づくりが中心になったことで、日本ではどのような生活の変化が起こりましたか。文章中の言葉を使って説明しなさい。(10点)

(6) 国語の□《せい》□《せき》が上がる。

(7) □《おう》□《きゅう》処置《しょち》を行う。

(8) □《ひさ》しぶりに友人と会う。

(9) 身の潔白を証明《しょうめい》する。
（　　　　　）

(10) 安易な考えはすてる。
（　　　　　）

3 次の文の□にあう接続語《せつぞくご》を、あとの［　］の中から一つずつ選んで書きなさい。なお、同じ言葉は二回使えません。（各5点）

(1) がんばって練習した。□うまくできた。

(2) これで今日の授業《じゅぎょう》は終わりです。□、委員会があるので、まだ下校しないでください。

［けれども　だから　ところで］

4 次の文の主語と述語《じゅつご》が正しく対応《たいおう》するように、――の部分を書き直しなさい。（各5点）

(1) 弟が喜《よろこ》んだのは、わたしのおもちゃをあげました。
□

(2) ぼくが言いたいのは、朝は早く起きるべきです。
□

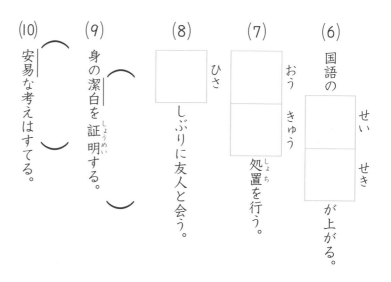

国語

1

確認《かくにん》テスト

学習日　　月　　日

得点　　／100点

1 □には漢字を書きなさい。また、（　）には読みがなを書きなさい。（各2点）

(1) 事故《じこ》の□□《げんいん》を明らかにする。

(2) □□《じょうぎ》を使って線を引く。

(3) 台風が□□《せっきん》する。

(4) 選挙の日程《にってい》が□□《こくじ》される。

(5) □□□□《しゅうがくりょこう》に参加する。

2 次の文の□の言葉（修飾語《しゅうしょくご》）は、どの部分をくわしくしていますか。（　）に記号を書きなさい。（各5点）

(1) ア遠くに　**聞こえた**　イせみの　ウ鳴き声は　エいつまでも　オ耳に　カ残った。

（　　）

(2) **急に**　ア犬の　イジョンが　ウ走り出したので　エわたしは　オあわてて　カ追いかけた。

（　　）

5年生のテストを最後まで頑張れましたね。6年生の準備はバッチリできているね!
このページでは,「思考力」をテーマにした,学校の教科書では習わない問題に取り組みます!
楽しみながら思考力を鍛えられるから,ぜひチャレンジしてみよう!

挑戦してみよう

にせの金貨を見つけよう

論理的判断力　情報整理力

取り組んだ日　月　日

A, B, C, D, E, F, G, Hの８つの金貨があります。このうち６つは本物ですが，残りの２つはにせ物です。本物とにせ物は，形も大きさも同じですが，にせ物は少しだけ軽いです。本物の６枚《まい》の金貨，にせ物の２枚の金貨は，それぞれ同じ重さです。

にせ物の金貨を見つけるために，次のようにてんびんで重さをはかりました。にせ物の金貨がどれとどれかを答えましょう。

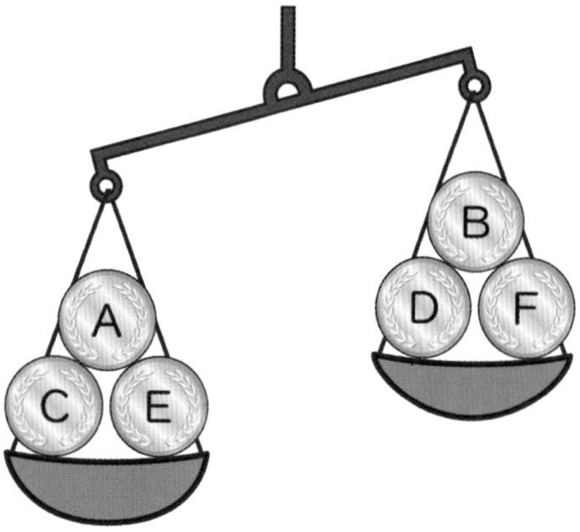

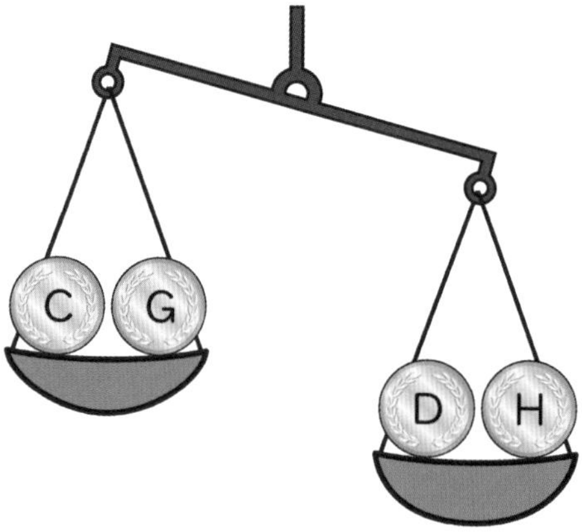

□ と □

挑戦してみよう ＜解答編＞

どうだったかな。
難しいと感じた人も，こうした問題に取り組むことによって思考力が身につくよ。
ぜひ他の問題にもチャレンジしてみてね。

答え

BとG

解説

A，C，Eをのせた皿より，B，D，Fをのせた皿のほうが軽いので，

　　ⓐ　B，D，Fのうち１つか２つがにせ物

　　ⓘ　A，C，Eは本物

です。

また，D，Hをのせた皿より，C，Gをのせた皿のほうが軽いので，

　　ⓤ　C，Gのうち１つか２つがにせ物

　　ⓔ　DとHは本物

です。

ⓘとⓤより，Gはにせ物です。

A，B，Cをのせた皿と，D，E，Gをのせた皿がつり合うから，A，B，Cの中にも１つだけにせ物があります。ⓘより，Bがにせ物です。

Ｚ会グレードアップ問題集　全科テスト　小学５年

初版第 1 刷発行　………… 2021 年 6 月 20 日
初版第 2 刷発行　………… 2022 年 3 月 10 日
編　者……………………… Ｚ会編集部
発行人……………………… 藤井孝昭
発　行……………………… Ｚ会
〒 411-0033　静岡県三島市文教町 1-9-11
【販売部門：書籍の乱丁・落丁・返品・交換・注文】
TEL 055-976-9095
【書籍の内容に関するお問い合わせ】
https://www.zkai.co.jp/books/contact/
【ホームページ】
https://www.zkai.co.jp/books/

編集協力…………………… 株式会社 エディット
DTP 組版 ………………… ホウユウ 株式会社
デザイン…………………… ステラデザイン
イラスト…………………… 神谷菜穂子／モリアート
図版………………………… 神谷菜穂子／モリアート／ホウユウ 株式会社
雲画像提供………………… 気象庁衛星画像アーカイブ
音声収録…………………… 株式会社 スタジオスピーク
音源提供…………………… PIXTA（ピクスタ）
装丁………………………… Concent, Inc.
印刷・製本………………… シナノ書籍印刷 株式会社

ISBN978-4-86290-338-9 C6081

Z-KAI

かっこいい小学生になろう

Z会グレードアップ問題集
全科テスト

国語　算数　理科　社会　英語

小学
5年

解答・解説

解答《かいとう》・解説の使い方

❶ 自分の解答《かいとう》とつき合わせて，答え合わせをしましょう。

❷ 答え合わせが終わったら，問題の配点にしたがって点数をつけ，得点《とくてん》らんに記入しましょう。

❸ 「考え方」を読んでポイントを確認《かくにん》しましょう。

❹ 39ページの単元一覧《いちらん》で，各回の学習内容《ないよう》がわかります。まちがえた問題は，「考え方」を読むとともに，教科書や『Z会グレードアップ問題集』(別売り)などに取り組んで復習しましょう。

ステップ1

「答え」では，正解を示しています。
記述《きじゅつ》問題の解答は，(例)を示《しめ》しています。

ステップ2

「考え方」では，それぞれの問題のポイントや考え方の道筋《みちすじ》，学習アドバイスを示しています。
記述問題では，まるつけのためのポイントも示しています。

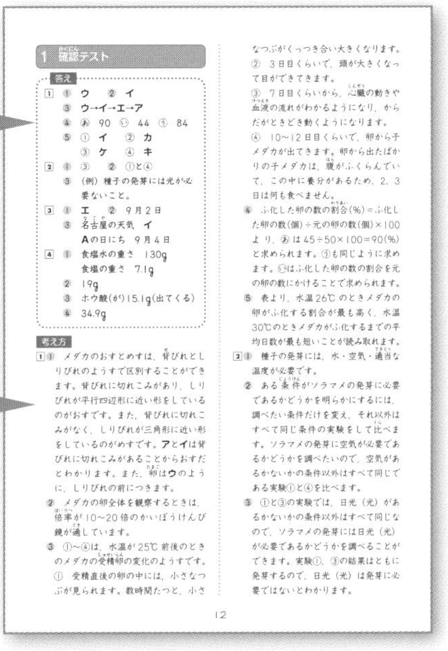

保護者の方へ

この冊子では，問題の答えと，各回の学習のポイントなどを掲載しています。お子さま自身で答え合わせができる構成になっていますが，お子さまがとまどっているときは，取り組みをサポートしてあげてください。

もくじ

※「国語」は冊子《さっし》の後ろ側から始まります。

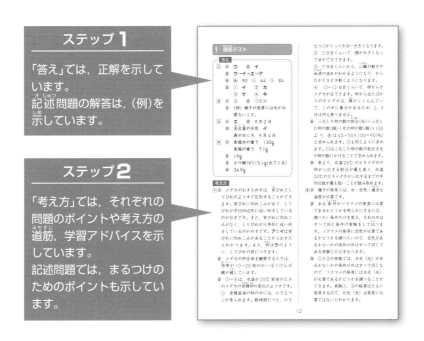

1 確認《かくにん》テスト

答え

1 ① 41.5473 ② 15.7

2 ① 27.5

② 5.6 あまり 0.04

3 14.7

4 ① 75 点 ② 88 点

5 2700 人（以上）

6 28°

7 36°

8 ① 12 票（以上） ② ない

考え方

1 答えの小数点の位置に注意しましょう。

①

```
      5.9 1
    × 7.0 3
    1 7 7 3
4 1 3 7
4 1.5 4 7 3
```

②

```
    6.2 8
 ×    2.5
  3 1 4 0
1 2 5 6
1 5.7 0 0
```

2 ①

```
          2 7.5
4.8 ) 1 3 2
        9 6
        3 6 0
        3 3 6
          2 4 0
          2 4 0
              0
```

② あまりのあるわり算では，あまりの小数点は，わられる数のもとの小数点の位置にそろえてつけます。

```
          5.6
0.9 ) 5 0.8
      4 5
        5 8
        5 4
      0.0 4
```

3 たし算・ひき算とかけ算・わり算がふくまれる計算では，まず，かけ算・わり算から計算します。

$13.7-0.84\div0.6\times1.05+2.47$
$=13.7-1.4\times1.05+2.47$
$=13.7-1.47+2.47$
$=14.7$

4 ① **合計＝平均《へいきん》×個数《こすう》**より，1 回目から 5 回目までの合計点は，

$72\times5=360$（点）

6 回目から 8 回目までの合計点は，

$80\times3=240$（点）

平均＝合計÷個数より，1 回目から 8 回目までの平均点は，

$(360+240)\div8=75$（点）

② 1 回目から 7 回目までの合計点は，

$72\times7=504$（点）

1 回目から 8 回目までの合計点は，

$74\times8=592$（点）

したがって，8 回目にとった点数は，

$592-504=88$（点）

5 A 町の面積は，

面積＝人口÷人口密度《じんこうみつど》より，

$15300\div85=180$（km^2）

A 町の人口密度が 70 人になるときの人口は，**人口＝人口密度×面積**より，

$70\times180=12600$（人）

このとき，人口は，

$15300-12600=2700$（人）

減《へ》るため，人口密度が 70 人以下になるとき，人口は 2700 人以上減ります。

6

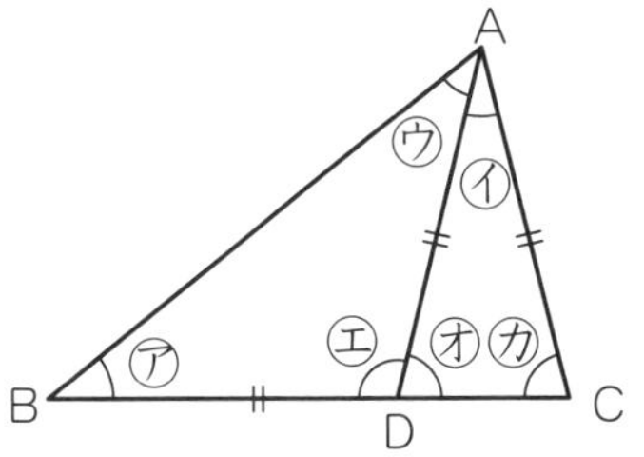

三角形 ABD は二等辺三角形なので，㋐の角度と㋒の角度は等しく，38° です。

これより，㋓の角度は，

180° −(38° +38°) =104°

㋔の角度は，

180° −104° =76°

とわかります。

また，三角形 ADC は二等辺三角形なので，㋔の角度と㋕の角度は等しく，76° です。

これより，㋑の角度は，

180° −(76° +76°) =28°

とわかります。

7

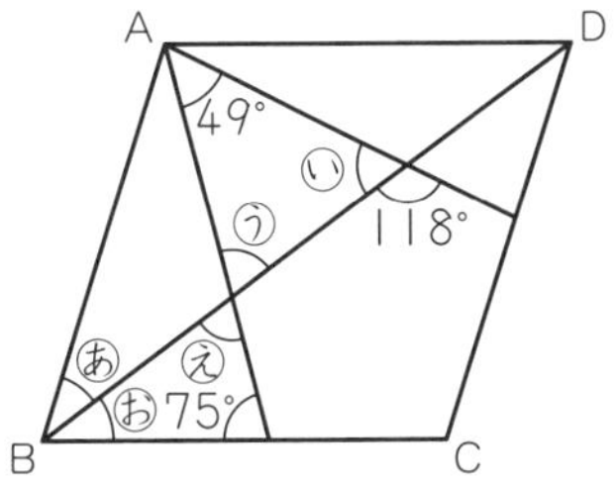

(い)の角度は，

180° −118° =62°

(う)の角度は，

180° −(49° +62°) =69°

(え)の角度は，(う)の角度と等しく，69° です。

(お)の角度は，

180° −(69° +75°) =36°

四角形 ABCD はひし形だから，(あ)の角度は，(お)の角度と等しく，36° です。

8 **1** バスケットボールはこの時点で 1 位なので，バスケットボールが 1 位になるために必要な票数がいちばん多くなるのは，この時点で 2 位のサッカーと，残りの票をすべて取り合ったときです。

この時点でバレーボールとソフトボールに，

28+17=45（票）

入ることは決まっているので，

150−45=105（票）

をバスケットボールとサッカーで取り合います。

したがって，バスケットボールが必ず 1 位になるために必要な票数は，

105÷2=52 あまり 1

より 53 票以上です。

したがって，バスケットボールは，あと

53−41=12（票）

以上取れば，必ず 1 位になります。

2 この時点で残っている票数は，

150−(28+17+41+30)

=34（票）

です。

ソフトボールとサッカーの 2 つの種目を行う（ともに 2 位以内になる）ためには，少なくても，この時点で 1 位のバスケットボールより多い 42 票をとらなくてはいけません。

ソフトボールは，あと

42−17=25（票）

サッカーは，あと

42−30=12（票）

合わせて 37 票必要ですが，34 票しか残っていません。

したがって，ソフトボールとサッカーの 2 種目を行う可能性《かのうせい》はありません。

2 確認《かくにん》テスト

答え

1 ① $\frac{11}{15}$ ② $4\frac{2}{3}\left(=\frac{14}{3}\right)$

③ $1\frac{13}{30}\left(=\frac{43}{30}\right)$

④ $2\frac{5}{12}\left(=\frac{29}{12}\right)$

2 ① 4 個《こ》

② 8，9，10，11

3 ①式 $540-360=180$
$1890-1755=135$
$(180-135)\div180\times100=25$

答え 25%

② 6m

③式 $180\times6=1080$
$2700-1080=1620$
$1620\div135=12$
$6+12=18$

答え 18m

4 ① 139cm^2 ② 75cm^2

③ 150cm^2

5 （例）積の小数点は，かけられる数とかける数の小数点より下のけた数の和だけ，右から数えてつけるよ。2+2=4 より，右から 4 つ目に小数点をつけて，答えは 14.8535 になるね。

6 （例）平均《へいきん》＝合計÷個数より，1 週間でとれた牛乳《ぎゅうにゅう》の量を 7 でわれば，1 日平均の牛乳の量が求められるよ。だから，答えは，
$(16.1\times3+13.3\times4)\div7$
$=101.5\div7=14.5$（L）
になるね。

考え方

1 ② $4\frac{2}{9}-1\frac{13}{18}+2\frac{1}{6}$

$=4\frac{4}{18}-1\frac{13}{18}+2\frac{3}{18}$

$=3\frac{22}{18}-1\frac{13}{18}+2\frac{3}{18}$

$=4\frac{12}{18}=4\frac{2}{3}$

③ $2.6=2\frac{6}{10}=2\frac{3}{5}$ より，

$\frac{7}{12}+2.6-1\frac{3}{4}$

$=\frac{7}{12}+2\frac{3}{5}-1\frac{3}{4}$

$=\frac{35}{60}+2\frac{36}{60}-1\frac{45}{60}$

$=1\frac{26}{60}=1\frac{13}{30}$

④ $2.75=2\frac{75}{100}=2\frac{3}{4}$ より，③と同じように計算します。

2 ① $\frac{5}{8}=\frac{15}{24}$，$\frac{5}{6}=\frac{20}{24}$

より，□にあてはまる整数は 16，17，18，19 の 4 個です。

② $\frac{15}{40}<\frac{\square\times2}{40}<\frac{24}{40}$

より，□×2 は 15 より大きく，24 より小さい数とわかります。したがって，□にあてはまる整数は，8，9，10，11 です。

3 ① $540-360=180$ より，布《ぬの》の定価《ていか》は1mあたり180円です。そして，$1890-1755=135$ より，ある長さをこえた分のねだんは1mあたり135円とわかります。したがって，

$(180-135)\div180\times100=25$

より，こえた分のねだんは定価より25％安くなります。

② 10mを定価で買ったときの代金と，安く買えたときの代金の差は，

$180\times10-1620=180$（円）

定価とこえた分のねだんの差は，1mあたり，

$180-135=45$（円）

なので，

$180\div45=4$（m）

安く買えたことがわかります。したがって，

$10-4=6$（m）

をこえて買うと，定価より安くなります。

③ 6mを定価で買ったときの代金は，

$180\times6=1080$（円）

全部の代金は2700円だから，6mをこえて買った分の代金は，

$2700-1080=1620$（円）

6mをこえた分の1mあたりのねだんは135円だから，6mをこえて買った布の長さは，

$1620\div135=12$（m）

したがって，買った布の長さは，

$6+12=18$（m）

4 ① 3つの三角形に分けて求めます。

$14\times10\div2=70$（cm^2）

$9\times6\div2=27$（cm^2）

$14\times6\div2=42$（cm^2）

$70+27+42=139$（cm^2）

② 三角形ABCの面積は，

$6\times5\div2=15$（cm^2）

ひし形ACEFの面積は，

$16\times10\div2=80$（cm^2）

三角形ACDの面積は，

$8\times5\div2=20$（cm^2）

したがって，色がついた部分の面積は，

$15+80-20=75$（cm^2）

③

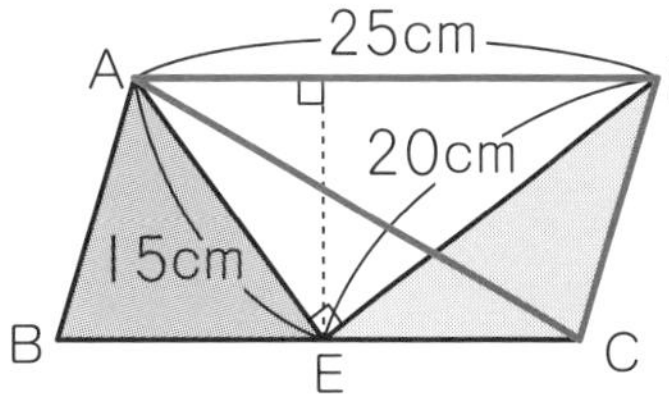

三角形AEDの面積は，三角形ACDの面積と等しく，平行四辺形ABCDの面積の半分になります。したがって，色がついた部分の面積は，平行四辺形の面積の半分と等しく，三角形AEDの面積とも等しくなるので，

$20\times15\div2=150$（cm^2）

5 ともこさんは，積の小数点を，かけられる数とかける数の小数点の位置にそろえてつけてしまっています。

積の小数点の正しいつけ方を説明できていれば正解《せいかい》とします。

6 さとるさんは，この1週間の1日平均の量を，「日曜日から火曜日までの平均」と「水曜日から土曜日までの平均」の平均と考えてしまっています。平均を求めるときは，

平均＝合計÷個数

を使って考えることが大切です。このことを説明できると素晴《すば》らしいです。

式を使って，正しい求め方を説明できていれば正解とします。

3 確認《かくにん》テスト

答え

1 ①745 ②450
③3個《こ》 ④18個

2 ①㋐5 ㋑18
②㋒35 ㋓2.1

3 ①18km
②時速45km
③6分

4 ①○ ②× ③○

5 三角形CADと三角形CBE

6 ① ㋐12 ㋑30
② ㋒12 ㋓20
㋔60 ㋕90

考え方

1 ① 奇数《きすう》だから，一の位は5か7です。いちばん大きい奇数をつくるには，百の位に7，一の位に5を選びます。最後に，十の位に4を選びます。

② 偶数《ぐうすう》だから，一の位は0か4です。いちばん小さい偶数をつくるには，百の位に4，一の位に0を選びます。最後に，十の位に5を選びます。

③ 偶数だから，一の位は0か4です。
一の位が0のとき，470，570
一の位が4のとき，574
したがって，3個できます。

④ 百の位が4のとき，
405，407，450，457，470，475
百の位が5のとき，
504，507，540，547，570，574
百の位が7のとき，
704，705，740，745，750，754
したがって，全部で18個できます。

2 ① 1分間（60秒間）に300m進むので，1秒間では，
300÷60＝5（m）
したがって，秒速5mです。
1時間（60分間）では，
300×60＝18000（m）
18000m＝18km
したがって，時速18kmです。

② 1時間（60分間）に126km進むので，1分間では，
126÷60＝2.1（km）
したがって，分速2.1kmです。
1分間に2.1km（2100m）進むので，1秒間では，
2100÷60＝35（m）
したがって，秒速35mです。

3 ① 分速360mで50分かかるため，サイクリングロードの長さは，
360×50＝18000（m）
18000m＝18km

② 1時間12分＝1.2時間
1.2時間で54km走るから，1時間で，
54÷1.2＝45（km）
したがって，時速45kmです。

③ 1秒間に75m走るから，1分間（60秒間）では，
75×60＝4500（m）
4500m＝4.5km
したがって，27km進むのにかかる時間は，
27÷4.5＝6（分）

4 ② 下の図のように，三角形ABCの形は2つ考えられます。

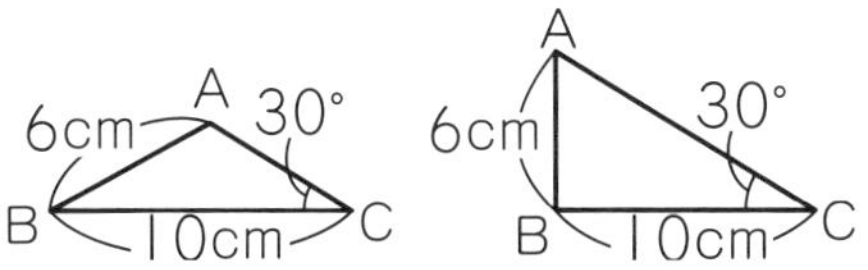

5 三角形CADと三角形CBEにおいて，辺CAと辺CBの長さは等しいです。また，辺CDと辺CEの長さも等しいです。さらに，辺CAと辺CDの間の角の大きさと，辺CBと辺CEの間の角の大きさは，どちらも，

$100^\circ+30^\circ=130^\circ$

で等しいです。

三角形CADと三角形CBEは，2つの辺の長さと，その間の角の大きさが等しいので，合同です。

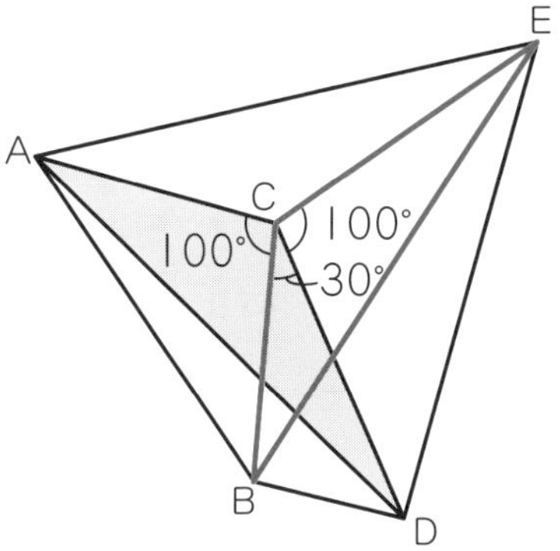

6 ① 図2の立体には，同じ大きさの正三角形の面が20個あります。

1つの頂点《ちょうてん》のまわりに，5個の正三角形が集まっているので，図2の立体の頂点の数は，

$3\times20\div5=12$（個）

です。60個を答えとしないように注意しましょう。

また，となり合う2つの正三角形の辺が重なって，図2の立体の辺になるので，図2の立体の辺の数は，

$3\times20\div2=30$（本）

です。60本を答えとしないように注意しましょう。

② 図1のサッカーボールの形で，正五角形の面は，問題の図2の立体の頂点のところにできるので，12個あります。

図1のサッカーボールの形で，正六角形の面は，図2の立体の正三角形のところにできるので，20個あります。

図1のサッカーボールの形の頂点の数は，12個の正五角形の頂点の数の合計と同じなので，

$5\times12=60$（個）

です。

図1のサッカーボールの辺の数は，図2の立体の辺の数と，12個の正五角形の辺の数を合わせて，

$30+5\times12=90$（本）

です。

4　確認《かくにん》テスト

答え

1　① 25.12cm　② 67.1cm

2　47.1cm

3　① 時速 12km

② 6 時 55 分

③ 1400m

4　288cm^3

5　① 72cm^3　② 480cm^3

6　①なつみ　②あきこ

(①あきこ　②なつみ　も正解《せいかい》です。)

③あきこ

考え方

1 ①　求める長さは，直径 2cm，6cm，8cm の円の円周の半分を合わせた長さです。

$2\times3.14\div2+6\times3.14\div2+8\times3.14\div2$

$=3.14+9.42+12.56$

$=25.12$（cm）

②　求める長さは，半径 10cm の円の円周の $\frac{1}{4}$ の長さ 3 つ分と，半径 10cm の 2 つ分を合わせた長さです。

$(10\times2\times3.14\div4)\times3+10\times2$

$=47.1+20$

$=67.1$（cm）

2　求める長さは，直径 2cm，4cm，6cm，8cm，10cm の円の円周の半分を合わせた長さです。

$2\times3.14\div2+4\times3.14\div2+6\times3.14\div2+8\times3.14\div2+10\times3.14\div2$

$=3.14+6.28+9.42+12.56+15.7$

$=47.1$（cm）

3 ①　お兄さんは 6 時 35 分に家を出て，6 時 41 分に公園に着いたので，6 分間で 1200m 進みました。したがって，1 分間では，

$1200\div6=200$（m）

1 時間（60 分間）では，

$200\times60=12000$（m）

12000m＝12km

の道のりを進むので，速さは時速 12km です。

②　あきとさんとおじいさんは 1200m の道のりを分速 60m で歩いたので，歩いた時間は，

$1200\div60=20$（分）

6 時 35 分に家を出たので，公園に着いた時刻《じこく》は，6 時 55 分です。

③　お姉さんは 6 時 30 分に家を出て，5 分間買い物をして，6 時 55 分に公園に着いたので，歩いた時間は 20 分です。歩く速さは分速 70m なので，歩いた道のりは，

$70\times20=1400$（m）

4

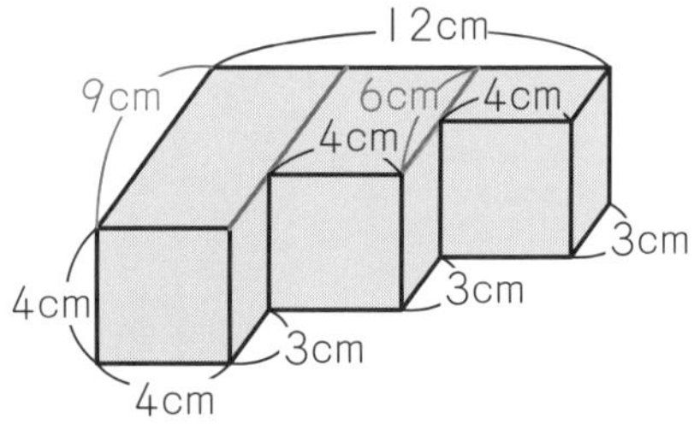

上の図のように 3 つの直方体に分けると，求める体積は，

$9\times4\times4+6\times4\times4+3\times4\times4$

$=(9+6+3)\times4\times4$

$=18\times4\times4=288$（cm^3）

【別解】

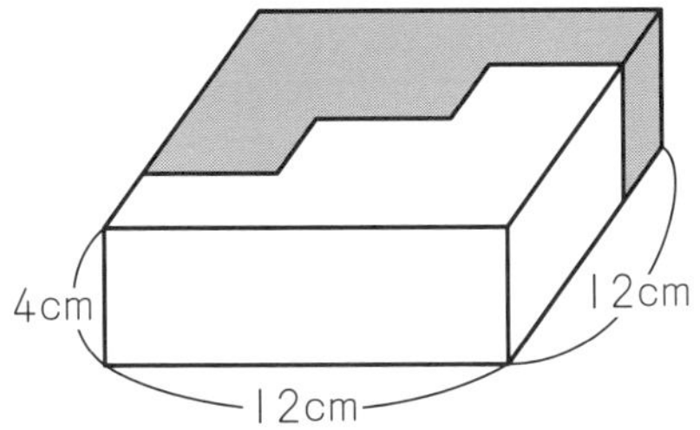

上の図のようにこの立体を２つ組み合わせると，たて12cm，横12cm，高さ4cmの直方体ができるので，求める体積は，

$(12\times12\times4)\div2=288$ (cm^3)

と計算することもできます。

5 ① この展開図《てんかいず》を組み立てると，たて3cm，横6cm，高さ4cmの直方体ができます。

したがって，体積は，

$3\times6\times4=72$ (cm^3)

②

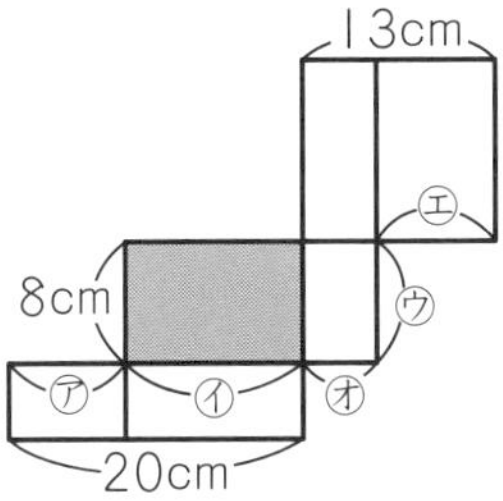

上の図で，㋐の長さは8cmなので，㋑の長さは，

$20-8=12$ (cm)

㋒と㋓の長さはどちらも8cmだから，㋔の長さは，

$13-8=5$ (cm)

この展開図を組み立てると，たて8cm，横12cm，高さ5cmの直方体ができます。

したがって，体積は，

$8\times12\times5=480$ (cm^3)

6 宝《たから》の地図を持っている人が「はるとさんの場合」，「なつみさんの場合」，…のように分けて，それぞれの場合で，５人が言った内容《ないよう》が本当かウソかを考えます。

はるとさんが宝の地図を持っている場合，はるとさんの「わたしとふゆきさんは持ってないよ」はウソです。

なつみさんの「はるとさんかみつきさんが持っています」は本当です。

みつきさんの「はるとさんとなつみさんは持ってないです」はウソです。

あきこさんの「はるとさんかなつみさんが持っているわ」は本当です。

ふゆきさんの「みつきさんかあきこさんが持っているよ」はウソです。

したがって，はるとさん，みつきさん，ふゆきさんの３人がウソを言っていることになるので，条件《じょうけん》に合いません。だから，宝の地図を持っているのは，はるとさんではありません。

なつみさんが宝の地図を持っている場合も同じように考えると，なつみさん，みつきさん，ふゆきさんの３人がウソを言っているので，条件に合いません。

みつきさんが宝の地図を持っている場合，あきこさんだけがウソを言っているので，条件に合いません。

あきこさんが宝の地図を持っている場合，なつみさん，あきこさんの２人がウソを言っているので，条件に合います。

ふゆきさんが宝の地図を持っている場合，はるとさん，なつみさん，あきこさん，ふゆきさんの４人がウソを言っているので，条件に合いません。

したがって，宝の地図を持っているのはあきこさんで，ウソを言っているのは，なつみさんとあきこさんです。

5 確認《かくにん》テスト

答え

1 ① 11 ② 16
③ 14.4 ④ 5.98

2 ① 9204816725,
1723014278

② 3

3 ①

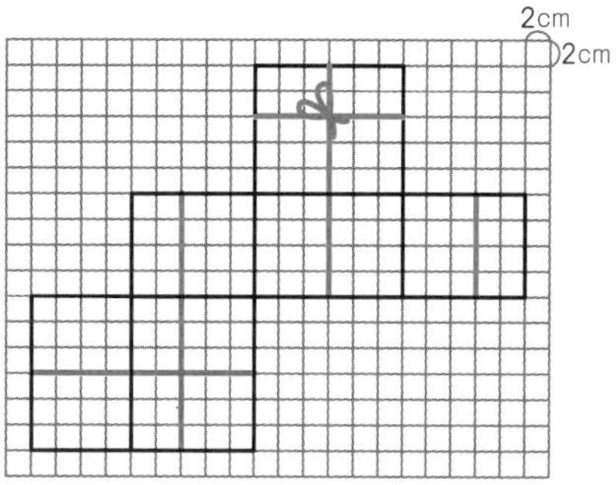

② 96cm

4 ① (例)

7分の砂時計《すなどけい》を2回目にひっくり返したときから時間を計り始めて，4分の砂時計を4回目にひっくり返すまでの時間を考えると，5分を計ることができる。

② 16分後

考え方

1 ふつうに計算するときと，逆《ぎゃく》の順序《じゅんじょ》で計算します。

② 4＋56÷(□−8)＝11

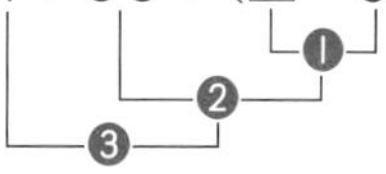

56÷(□−8)＝△とすると，
4＋△＝11
より，△は，11−4＝7
□−8＝○とすると，
56÷○＝7
より，○は，56÷7＝8
□−8＝8 より，□は，
8＋8＝16

④ 1.2×(□−2.48)÷0.8−2.71＝2.54

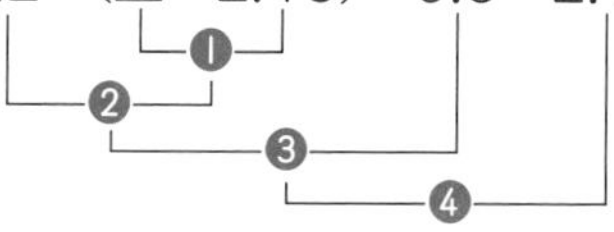

1.2×(□−2.48)÷0.8＝△とすると，
△−2.71＝2.54
より，△は，
2.54＋2.71＝5.25
1.2×(□−2.48)＝○とすると，
○÷0.8＝5.25
より，○は，5.25×0.8＝4.2
□−2.48＝☆とすると，
1.2×☆＝4.2
より，☆は，4.2÷1.2＝3.5
□−2.48＝3.5 より，□は，
3.5＋2.48＝5.98

2 ① 9／204／816／725
9＋816＝825
204＋725＝929
929−825＝104
104÷13＝8
より，9204816725は13の倍数であることがわかります。
4／279／517／265
4＋517＝521
279＋265＝544
544−521＝23
23÷13＝1 あまり 10
より，4279517265は13の倍数でないことがわかります。

② 98／765／432／10□
98＋432＝530
765＋10□
765＋10□−530
＝235＋10□

235＋10□が13の倍数になるのは，

235＋103＝338

338÷13＝26

より，□が3のときです。

3 ① 見取図を展開《てんかい》すると，下のような図になります。

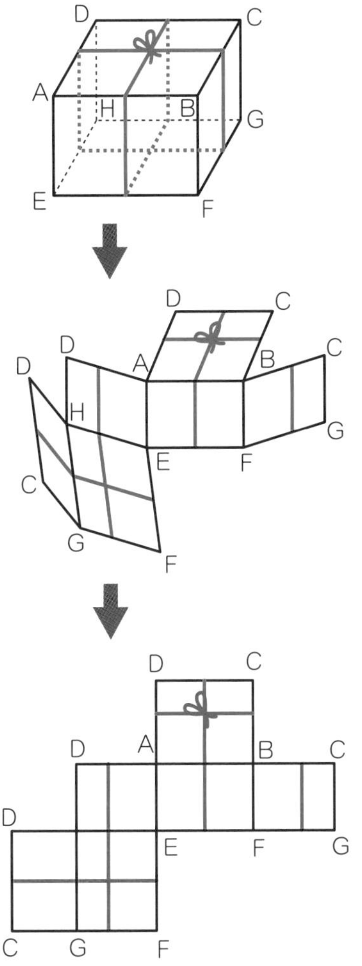

② 直方体のたては10cm，横は12cm，高さは8cmです。

リボンの結び目に20cm使うので，リボンの長さは，

10×2＋12×2＋8×4＋20
＝96（cm）

4 ① 問題の図の「まとめ」で，間かくが5分になっているところをさがします。すると，

4分の砂時計を4回目にひっくり返すまでの時間…12分

7分の砂時計を2回目にひっくり返すまでの時間…7分

なので，12－7＝5（分）を計ることができます（はじめに同時にひっくり返したときを1回目としています）。

この他にも計る方法があります。例えば，4分の砂時計を5回目にひっくり返したときから時間を計り始めて，7分の砂時計を4回目にひっくり返すまでの時間を考えると，

21－16＝5（分）

を計ることができます。

丸つけですが，どの時点から計り始めて，どの時点までの時間を考えればよいかが正しく書けていれば正解《せいかい》です。

② 問題の図の「まとめ」のところに，現《あらわ》れる時間を順に書くと，

0分，4分，7分，8分，12分，
14分，16分，20分，……

となります。これをもとに，1分，2分，……，9分の9通りの時間を最初に計れる時間を考えます。

1分…8－7＝1（分）
2分…14－12＝2（分）
3分…7－4＝3（分）
4分…4－0＝4（分）
5分…12－7＝5（分）
6分…14－8＝6（分）
7分…7－0＝7（分）
8分…8－0＝8（分）
9分…16－7＝9（分）

ここに現れる時間の中でいちばんおそいのは，9分を計るときの16分なので，砂時計をひっくり返し始めてから16分後までに9通りすべての時間を計ることができます。

1　確認《かくにん》テスト

答え

1　①　**ウ**　②　**イ**
③　**ウ→イ→エ→ア**
④　あ　90　い　44　う　84
⑤　①　**イ**　②　**カ**
③　**ケ**　④　**キ**

2　①　③　②　①と④
③　(例) 種子の発芽には光が必要ないこと。

3　①　**エ**　②　9月2日
③　名古屋《なごや》の天気　**イ**
Aの日にち　9月4日

4　①　食塩水の重さ　130g
食塩の重さ　7.1g
②　19g
③　ホウ酸(が)15.1g(出てくる)
④　34.9g

考え方

1 ①　メダカのおすとめすは，背《せ》びれとしりびれのようすで区別することができます。背びれに切れこみがあり，しりびれが平行四辺形に近い形をしているのがおすです。また，背びれに切れこみがなく，しりびれが三角形に近い形をしているのがめすです。**ア**と**イ**は背びれに切れこみがあることからおすだとわかります。また，卵《たまご》は**ウ**のように，しりびれの前につきます。

②　メダカの卵全体を観察するときは，倍率《ばいりつ》が10～20倍のかいぼうけんび鏡が適《てき》しています。

③　①～④は，水温が25℃前後のときのメダカの受精卵《じゅせいらん》の変化のようすです。
①　受精直後の卵の中には，小さなつぶが見られます。数時間たつと，小さなつぶがくっつき合い大きくなります。
②　3日目くらいで，頭が大きくなって目ができてきます。
③　7日目くらいから，心臓《しんぞう》の動きや血液《けつえき》の流れがわかるようになり，からだがときどき動くようになります。
④　10～12日目くらいで，卵から子メダカが出てきます。卵から出たばかりの子メダカは，腹《はら》がふくらんでいて，この中に養分があるため，2，3日は何も食べません。

④　ふ化した卵の数の割合《わりあい》(%)＝ふ化した卵の数(個)÷元の卵の数(個)×100より，あは45÷50×100＝90(%)と求められます。うも同じように求めます。いはふ化した卵の数の割合を元の卵の数にかけることで求められます。

⑤　表より，水温26℃のときメダカの卵がふ化する割合が最も高く，水温30℃のときメダカがふ化するまでの平均日数が最も短いことが読み取れます。

2 ①　種子の発芽には，水・空気・適当《てきとう》な温度が必要です。

②　ある条件《じょうけん》がソラマメの発芽に必要であるかどうかを明らかにするには，調べたい条件だけを変え，それ以外はすべて同じ条件の実験をして比《くら》べます。ソラマメの発芽に空気が必要であるかどうかを調べたいので，空気があるかないかの条件以外はすべて同じである実験①と④を比べます。

③　①と③の実験では，日光（光）があるかないかの条件以外はすべて同じなので，ソラマメの発芽には日光（光）が必要であるかどうかを調べることができます。実験①，③の結果はともに発芽するので，日光（光）は発芽に必要ではないとわかります。

3 1 天気は，空全体の広さを10としたときの，雲の量で決められています。
・快晴《かいせい》：0～1　・晴れ：2～8
・くもり：9～10
(0～8を晴れとするときもあります。)
なお，雨がふると，雲の量に関係なく，天気は雨となります。

2 1日中晴れている日の天気は，午前中から上がり午後2時ころに最も気温が高くなります。くもりや雨の日は，上空に雲があるため，昼間は太陽の光をさえぎり気温が上がりにくくなります。また，短時間に強い雨がふると気温が急に下がることがあります。急な雨がふった後に天気が回復すると気温が上がります。グラフから，午前中に気温が上がっているのは9月2日か5日になりますが，2日は，正午を過ぎると気温が下がっていることから，午後からくもりになったと考えられ，9月5日は気温が上がり続けているので，午後も晴れだと考えられます。また，9月3日は1日気温の変化はほとんどないため，くもりか雨，9月4日は午前9時以降も気温が上がらず，午前11時ころに気温が急に下がったことから，急な雨がふったと考えられます。

3 写真の白い部分が雲を表しています。名古屋《なごや》市の上空のようすを見ると，Aでは雲がかかっており，Bではかかっていないので，名古屋市では，Aではくもりまたは雨，Bでは晴れだったと考えられます。気温の変化のようすから，くもりまたは雨の次の日が晴れになっているのは9月4日と9月5日なので，Aは9月4日と考えられます。

4 1 水にものがとけて全体に広がり，すき通った液を水《すい》よう液《えき》といいます。水よう液の重さは，
水の重さ＋とかしたものの重さ
になります。
食塩水の重さは，水100gと食塩30gを合わせた重さになるので，
100＋30＝130（g）になります。
また，表から60℃の水100gには，食塩を37.1gまでとかすことができるとわかります。したがって，
37.1－30＝7.1（g）の食塩をさらにとかすことができます。

2 表より，80℃の水100gにとける食塩は，38.0gなので，100gの水に食塩をできるだけたくさんとかした食塩水の重さは100＋38＝138（g）です。69gの食塩水を2倍すると138gとなることから，69gの食塩水にふくまれている食塩の量は
38÷2＝19（g）と求められます。

3 80℃の水100gには，食塩は38.0g，ホウ酸《さん》は23.6gまでとかすことができます。また，20℃の水100gには，食塩は35.8g，ホウ酸は4.9gまでとかすことができます。このことから，20℃の水100gには食塩は20gがすべてとけますが，ホウ酸は，20－4.9＝15.1（g）がとけずに出てくることがわかります。

4 60℃の水300gには，ホウ酸
14.9×(300÷100)＝44.7（g）
までとけます。100gの水を蒸発《じょうはつ》させた残りの200gの水20℃には，
4.9×(200÷100)＝9.8(g)
までしかとかすことができないので，
44.7－9.8＝34.9（g）
のホウ酸がとけきれなくなって出てきます。

2 確認《かくにん》テスト

答え

1 1 ① 受精《じゅせい》 ② 子宮《しきゅう》

2 ① たいばん

② へそのお

3 （例）母親から養分や酸素《さんそ》などを受け取り，いらなくなったものをわたすはたらき。

2 1 **イ**

2 ① BとC ② AとB

3 C

4 ②→①→④→③

3 1 ㋐ ③，⑦ ㋑ ④，⑥

㋒ ⑤，⑥

2 （例）（ふりこが1往復《おうふく》する時間は，）ふれはばやおもりの重さに関係なく，ふりこの長さによって決まるということ。

3 **ア** 4 1.5秒

4 1 ② 2 ④

3 （例）（川が曲がっている所の内側は，）川の流れがおそく，たい積するはたらきが大きいから。

4 **エ** 5 **ア**

考え方

1 1 女性の体内でつくられる卵《らん》（卵子《らんし》）と男性の体内でつくられる精子《せいし》が結びつくことを受精《じゅせい》といい，受精した卵のことを受精卵《じゅせいらん》といいます。受精後，受精卵は母親の子宮の中で成長します。

2 3 図の①の部分をたいばんといい，ここで母親からの養分と，たい児からのいらなくなったものなどの交換《こうかん》が行われます。また，②の部分をへそのおといい，母親と子宮の中のたい児をつないでいます。へそのおは，たい児からはいらなくなったものが，反対に母親からは養分などが運ばれる通り道になっています。

2 1 図2のように①に置いた方位磁針《ほういじしん》のN極が電磁石《でんじしゃく》に引かれる場合，電磁石の左側がS極，右側がN極になっています。電池の向きを反対にすると，電磁石の極も反対になるので，電磁石の右側はS極になります。そのため，②に置いた方位磁針のN極が電磁石に引かれるようにふれます。

2 ①のコイルのまき数と電磁石の強さの関係を調べるためには，コイルのまき数以外の条件《じょうけん》がすべて同じBとCを比《くら》べます。②の電流の強さと電磁石の強さの関係を調べるためには電流の強さ以外の条件がすべて同じAとBを比べます。

3 電磁石のはたらきを強くするには，電流を大きくする，コイルのまき数を増《ふ》やすなどの方法があります。図3のA～Cのうち，電流が最も大きく，コイルのまき数も最も多いCが電磁石のはたらきが最も大きくなります。

4 図5では，スイッチを入れると電流が流れ電磁石がはたらき，鉄板が電磁石に引っぱられて接点《せってん》からはなれます。すると，電流の通り道が切れるので電磁石がはたらかなくなり，鉄板が電磁石からはなれて接点につき，再《ふたた》び電流が流れるようになるので電磁石がはたらくようになります。この流れがくりかえされ，スイッチを入れている間，鉄板は左右にしん動《どう》し続けます。

3 1 ㋐のおもりの重さとふりこの1往《おう》復《ふく》の時間との関係を調べるためには，

おもりの重さ以外の条件《じょうけん》がすべて同じ③と⑦を比《くら》べます。(い)のふりこの長さとふりこの1往復の時間との関係を調べるためには，ふりこの長さ以外の条件がすべて同じ④と⑥を比べます。(う)のふりこのふれはばとふりこの1往復の時間との関係を調べるためには，ふりこのふれはば以外の条件がすべて同じ⑤と⑥を比べます。

2　1の(あ)から，ふりこの1往復の時間は，おもりの重さには関係ないことがわかります。また，(い)から，ふりこの1往復の時間は，ふりこの長さによってちがってくることがわかります。また，(う)からふりこの1往復の時間は，ふりこのふれはばには関係ないことがわかります。これらのことから，ふりこが1往復する時間は，おもりの重さやふりこのふれはばには関係なく，ふりこの長さによって決まることがわかります。

3　ふりこの速さは，ふりはじめの位置からだんだん速くなり，おもりが最も低くなるCの位置で最も速くなります。また，ふりはじめの位置がちがっても1往復する時間は同じなので，Cの位置にきたときのふりこの速さは，ふれはばが大きいほど速くなります。

4　図3のふりこをあとの図のようにくぎの左側の長いふりこと，くぎの右側の短いふりこにわけて考えます。くぎの左側の長いふりこは，ふりこの長さが100cmなので，㋐→㋑，㋑→㋐と動くのにかかる時間は，表の③または⑦のふりこが1往復する時間の半分なので1.0秒になります。また，右側の短いふりこは，ふりこの長さが25cmなので，㋑→㋒，㋒→㋑と動くのにかかる時間は，表の①または④のふりこが1往復する時間の半分なので0.5秒になります。

　したがって，図のふりこが1往復するのにかかる時間は，1.0＋0.5＝1.5（秒）になります。

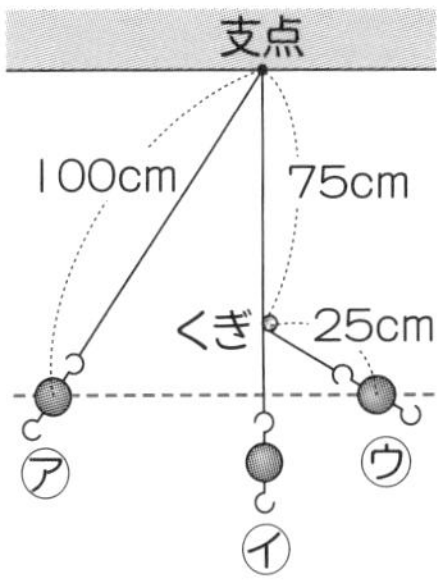

4 1　川がまっすぐ流れているA---Bの地点では，真ん中あたり（②）の水の流れが速く，両岸に近い所（①，③）では，水の流れがおそくなっています。

2 3　川の曲がっているC---D地点の外側（⑤）では，ふつう水の流れが速くなります。水の流れが速い所では，しん食のはたらきによって地面が深くけずられ，がけのような地形になっていることが多くなります。川の曲がった所の内側（④）では，ふつう水の流れがおそくなります。そのため，小さなれきや砂《すな》が積もりやすくなり，川原のような地形が広がっていきます。

4　川の曲がっている所の外側は流れが速いため，川底はしん食のはたらきが大きい⑤のほうが④より深くなります。また，つぶの小さな小石は⑤のほうが流されやすく大きな石が残るので，**エ**のようになります。

5　川の曲がった所の外側では，しん食のはたらきが大きいので，川岸はどんどんけずられていきます。その結果，川の曲がり方がだんだんきつく（大きく）なっていきます。

3 確認《かくにん》テスト

答え

[1] ❶ ① **ア** ② **ウ**
❷ 4倍
❸ 28.8cm
❹ 3倍
❺ ① 4 ② 5 ③ 64

[2] ❶ 図2
❷ ① がく ② めしべ
③ おしべ ④ 花びら
❸ ②→③→④→①
❹ 花粉《かふん》

[3] ❶ **イ**
❷ ① **ア** ② **ウ** ③ **イ**
❸ ① 川 ② こう水《ずい》

[4] ❶ ① 直列 ② ㋒
❷ 270mA
❸ **ウ・エ**

考え方

[1] ふりこの運動からつながる中学校の学習内容をテーマとした問題です。

❶ 表から，おもりの高さが同じ場合，おもりの重さを重くすると，つみ木の動くきょりは長くなっていることがわかります。また，おもりの重さが同じ場合，おもりの高さを高くすると，つみ木の動くきょりは長くなっていることがわかります。

したがって，おもりの重さが重いほどつみ木の動くきょりは長くなり，おもりの高さが高いほどつみ木の動くきょりは長くなります。

❷ 表から，おもりの高さが同じで，おもりの重さが2倍，4倍になると，つみ木の動くきょりも2倍，4倍になっていることがわかります。

したがって，おもりの重さが4倍になると，つみ木の動くきょりも4倍になります。

❸ 表から，おもりの高さが30cmで，重さが100gのときのつみ木が動いたきょりは9.6cmです。高さが30cmのままで，重さが3倍の300gのとき，つみ木が動いたきょりは3倍になるので，

9.6×3＝28.8（cm）

になります。

❹ 表から，おもりの重さが同じで，おもりの高さが2倍，3倍になると，つみ木の動くきょりも2倍，3倍になっていることがわかります。

❺ おもりの高さが10cmで，重さが100gのときのつみ木の動くきょりは3.2cmです。

まず，おもりの高さで考えると，おもりの高さは，

40÷10＝4（倍）

になるので，つみ木の動くきょりも4倍になり，

3.2×4＝12.8（cm）

になります。

さらに，おもりの重さを考えると，重さが

500÷100＝5（倍）

になるので，つみ木の動くきょりはさらに5倍になり，

12.8×5＝64（cm）

になります。

2 1 花びらがはなれている図1はアブラナです。花びらがくっついている図2はアサガオです。

2 ①はがく，②はめしべ，③はおしべ，④は花びらを表しています。

3 花のつくりは，中心から，めしべ，おしべ，花びら，がくの順になります。

4 おしべで花粉《かふん》がつくられます。

3 1 ふつう，台風は日本に夏から秋にかけて多く近づきます。

2 台風は，日本のずっと南の海上で発生し，はじめは西や北の方向に進みます。その後，動く向きを東や北に変えて移動していき，しばしば日本に上陸し，災害《さいがい》をもたらします。

3 台風による災害には，大雨によるこう水《ずい》や土砂《どしゃ》くずれ，強風によって建物がこわされることなどがあります。

地図で示された川岸に近い所では，大雨によって川の水が増水《ぞうすい》し，こう水による災害を受けやすいことが予想されます。

4 1 電流計は，電流の流れる回路に直列になるようにつなぎます。

電流の強さがわからないときは，まず，いちばん大きい電流まではかれる5Aの「－たんし」につなぎます。小さすぎて目もりが読みにくいときは，500mA，50mAの順に「－たんし」をつなぎかえます。

2 電流の大きさを読むとき，「－たんし」を5Aにつないだときは電流計の目もりの上側の数字を，50mAにつないだときは電流計の目もりの下側の数字を読み取り，単位をつけます。

500mAの「－たんし」につないだときは，目もりの下側の数字を10倍することで，電流の大きさがわかります。

イの「－たんし」は500mAなので，図2の針《はり》が示す電流の大きさは270mAになります。

3 電流計は検流計よりも電流の大きさをくわしくはかることができます。検流計は，電流の大きさと流れる向きをはかることができます。

また，電流計と検流計はかん電池だけに直接《ちょくせつ》つなぐと一度に大きな電流が流れることがあり危険《きけん》なので，直接つないではいけません。

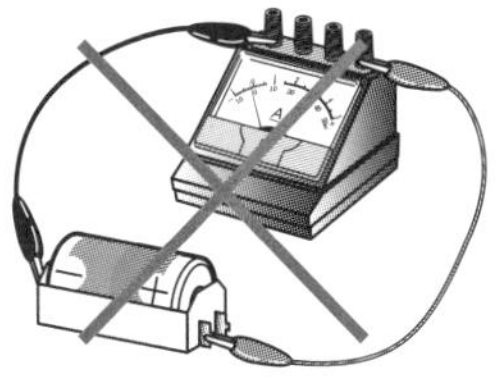

1 確認《かくにん》テスト

答え

1 1 ① 領海　② 200

2 ①ロシア連邦《れんぽう》

②（例）満潮《まんちょう》時に島がかくれ，日本の排他的経《はいたてきけい》済水域《ざいすいいき》がせまくなるのを防《ふせ》ぐため。

2 1 **ア** B　**イ** A　**ウ** D

2 **C**

3 1 ①② **ア・エ**　③④ **イ・ウ**（順不同）

2 ⑤（例）かわらを固めてじょうぶな屋根にしている。

⑥（例）かたむきが急な屋根になっている。

3 ⑦（例）台風の強風から家を守る

⑧（例）屋根の雪が自然に落ちるようにする

4 1 ① 3　② 12

2 （例）取りあつかいが多くない時期に出荷することで高く売ることができる

3 （例）都府県平均よりも耕地面積が広く，農業用機械の所有台数も多いから。

考え方

1 日本の領域《りょういき》について考える問題です。

1① 領土の海岸線から12海里までが領海の範囲《はんい》です。1海里は1.852kmで，12海里は約22kmになります。

② 排他的経済水域《はいたてきけいざいすいいき》は領土の海岸線から200海里（約370km）で，領海の外側です。「領海のはしから200海里」ではないので，注意をしましょう。

2① **A**は，日本の最も北に位置する択《え》捉島《とろふとう》です。択捉島をふくめた北方領土は，1945年に当時のソビエト連邦（現在のロシア連邦《れんぽう》）が軍を使って占《せん》領《りょう》し，居住していた日本人を追い出したという歴史があります。

② **D**は，沖ノ鳥島《おきのとりしま》で，日本の最も南にある無人島です。東西に約4.5km，南北に約1.7kmの小さな島で，満潮時には海にかくれてしまうところもありました。もし沖ノ鳥島がかくれてしまった場合，排他的経済水域がせまくなってしまうため，日本政府は1987年から護岸《ごがん》工事を開始しました。「島がかくれるのを防《ふせ》ぐ」ということが書けていれば正解です。

地図1にある**B**は日本の最も西に位置する与那国島《よなぐにじま》，**C**は最も東に位置する南鳥島《みなみとりしま》です。

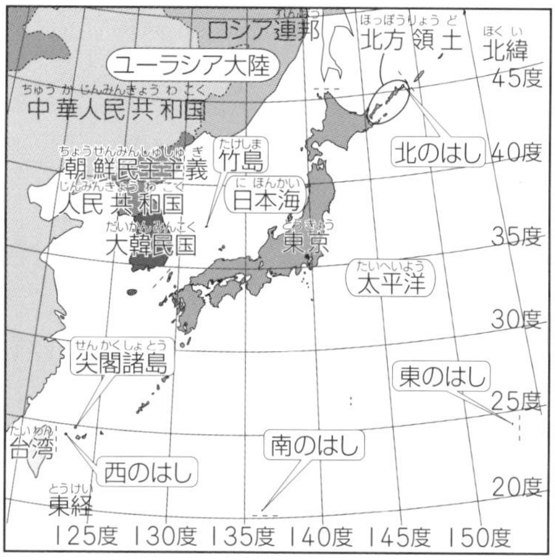

2 日本の気候に着目した問題です。気候の問題では，月ごとの降水量《こうすいりょう》と平均《へいきん》気温を示《しめ》しているグラフ（雨温図）がよく出題されます。最高気温と最低気温に注目し，どの季節に降水量が多いか

によって，都市を判断《はんだん》しましょう。

1 **ア**は冬の降水量が多い日本海側の気候のグラフなので，**B**の新潟にあたります。**イ**は12月～2月にかけて0℃を下回る北海道の気候のグラフなので，**A**の札幌《さっぽろ》にあたります。**ウ**は夏の気温が高く，降水量も多い太平洋側の気候のグラフなので，**D**の名古屋にあたります。なお**C**は松本，**E**は高松，**F**は那覇《なは》を示しています。

2 桜《さくら》の開花予想が3月30日から4月10日の間にあてはまる都市は**B**と**C**です。野辺山原《のべやまはら》はレタスやはくさいなどの高原野菜の生産がさかんな地域で，長野県にあります。

3 気温の高い地域と低い地域について出題しています。それぞれの地域では建てられる家にちがいがあります。

1 ①・② 沖縄県は一年を通じて暑い日が続くため，伝統的《でんとうてき》な家では**ア**のように戸を大きくして風通しをよくしています。また台風の被害《ひがい》にあうことが多いため，建物が風や雨に強いがんじょうなつくりになっています。**エ**のふくぎという木を植えて風から家を守る防《ぼう》風林《ふうりん》をつくっている家もあります。

③・④ 北海道は雪が多く積もるため，寒さなどの対策《たいさく》がされています。室内のあたたかい空気が外にもれないよう**イ**のように玄関《げんかん》やまどを二重にしたり，**ウ**のようにかべに断熱材《だんねつざい》を入れたりしている家があります。

2 ⑤ 屋根のかわらが固めてあることが書けていれば正解です。

⑥ 屋根のけいしゃが急になっていることが書けていれば正解です。

3 ⑦ 台風が多くやってくるので，強い風から家を守っているということが書けていれば正解です。

⑧ 大雪が屋根に積もり，雪の重みで家がくずれてしまうのを防《ふせ》ぐために，屋根に積もった雪が自然に落ちるように屋根のかたむきが急になっていることが書けていれば正解です。

4 気温の高い地域と低い地域では，生産されている農産物にちがいがあります。

1 ①・② 沖縄県の農家の人の話に「[①]月，[②]月の順に多く出荷して」とあります。小菊の月別取りあつかい量のグラフを見ると，3月，12月の順に多いことがわかります。

2 「8月にも出荷できるか検討《けんとう》している」ので**グラフ1**の8月に注目します。すると，8月の小菊の取りあつかい量は少ないですが，平均卸売《へいきんおろしうり》価格《かかく》は高いことがわかります。取りあつかい量が少ない8月は小菊の価格が高くなることが書けていれば正解です。

3 **グラフ2**を見ると，農業用機械の所有台数が都府県平均よりも多いことがわかります。また，合わせて**グラフ3**を見ると，畑（牧草地もふくむ）の耕地面積が北海道は80万ha以上であり，都府県平均《へいきん》の10倍以上であることがわかります。耕地面積が広いため，多くの農作物を作ることができ，手作業ではなく大型の農業用機械を使うことで効率《こうりつ》よく収穫《しゅうかく》作業を行うことができるのです。耕地面積が広いことと，農業用機械の所有台数が多いことに着目して書けていれば正解です。

2 確認《かくにん》テスト

答え

1 | ① オ ② エ ③ ア ④ イ ⑤ ウ
2 ① せん業 ② けん業 ③ 2015

2 | ① ウ ② ア ③ イ
2 イ

3 | ① せんい工業 ② 機械工業
2 あてはまる言葉：太平洋ベルト
理由：（例）船で原材料や製品を輸出入しやすいから。
3 （例）高速道路が内陸部にも整備されたことで，トラックを使って製品を運びやすくなったから。
4 公害病名：四日市ぜんそく
発生場所：C

考え方

1 日本の農業について考える問題です。

例

3月	種もみを選ぶ 共同作業の計画づくり
4月	たい肥《ひ》をまく 種まき 田おこし 苗《なえ》を育てる 代かき
5月	田植え じょ草ざいをまく 水の管理
6月	稲《いね》の生長を調べる みぞをほる
7月	農薬をまく
8月	穂《ほ》が出る
9月	稲刈《か》り だっこく
10月	カントリーエレベーターに運ぶ

1 米作りは３月ごろの種もみを選ぶ作業から始まります。次に苗《なえ》作りや田おこしをして健康な土をつくり，田植えの準備《じゅんび》をします。田植えのあとは水の管理が欠かせません。稲刈《いねか》りが終わると，米作り農家の多くは，収穫《しゅうかく》後の米を，カントリーエレベーターという施設《しせつ》で保管《ほかん》してから，全国各地へと出荷します。

2 **グラフ**から，農業だけで生活をしているせん業農家の数はあまり変わっておらず，農業以外の収入《しゅうにゅう》があるけん業農家は減《へ》ってきていることが読み取れます。また，農業をする会社の数が2000年はおよそ6000社でしたが，2015年にはおよそ15000社となり，約2.5倍に増えていることが読み取れます。

2 日本の輸出について考える問題です。今回は輸出が中心ですが，輸入についても理解しておきましょう。

1 日本からの輸出品を資料と説明文を参考にして読みときます。自動車はアメリカ，中国，オーストラリアに多く輸出されるため，①は自動車だとわかります。日本からの輸出品の第１位は自動車です。②の集積回路は，説明文に「その国で生産される工業製品にも使われる」と書かれているので，精《せい》密《みつ》機械ではないことがわかります。

主な輸出品の取扱い額の割合(%)	
自動車	15.6
半導体《はんどうたい》電子部品	5.2
自動車部品	4.7
鉄鋼《てっこう》	4.0
集積回路	3.7
その他	66.8

（2020/21年版「日本国勢図会」）

2 現在《げんざい》の日本の輸出品目の中心は機械類であるため，機械類の割合が多い**イ**・**エ**が2019年のグラフだとわかります。日本は天然資源《しげん》の少ない国であるため，エネルギー源となる石油や天然ガスを輸入しています。よって，**エ**は2019年の輸入のグラフ，**イ**は輸出のグラフだとわかります。なお，**ア**は1960年の輸出のグラフ，**ウ**は1960年の輸入のグラフです。

3 日本の工業について考える問題です。

1 1935年のグラフではせんい工業が29.1％と最も多く，2017年のグラフでは機械工業が46.0％と最も多いことが読み取れます。

2 日本の工業地帯や工業地域《ちいき》が集まっている関東地方から九州地方北部にかけての地域を「太平洋ベルト」といいます。

この太平洋ベルトに集まる工業地帯・工業地域は，そのほとんどが海ぞいにあります。日本は石油や鉄鉱石などの地下資源を輸入にたよっており，それらの資源は海上輸送で運ばれてきます。また，日本国内の工場で作られた自動車などの工業製品も，輸出には主に船が使われます。そのため，船で輸出入しやすいように工場が海ぞいに集まり，工業地帯や工業地域が形成されました。

船を利用して資源や製品が輸出入されることが書けていれば正解です。

3 高速道路などの陸上交通網《こうつうもう》が発達したため，日本の内陸部にも工業地域がつくられるようになりました。こうした地域では，トラックなどで運びやすい製品を中心に生産されています。

貨物輸送の変化

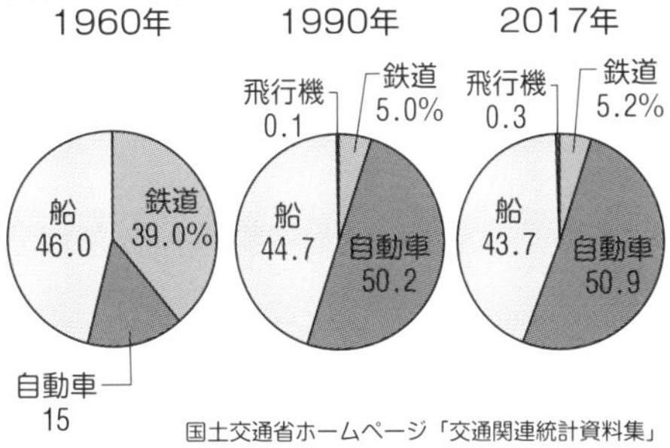

国土交通省ホームページ「交通関連統計資料集」

高速道路が整備され，トラックなどで製品が内陸部からも運びやすくなったことが書かれていれば正解です。

4 1950年代から1970年代にかけて問題になった公害病に関する問題です。

Aは，メチル水銀が原因の新潟水俣《みなまた》病《びょう》，**B**は，カドミウムが原因のイタイイタイ病，**D**は，新潟水俣病と同じくメチル水銀が原因の水俣病が発生しました。**C**の四日市ぜんそくは，工場から排出《はいしゅつ》されたけむりにふくまれていた硫黄酸化物《いおうさんかぶつ》が原因でした。それぞれ場所と原因を覚えておきましょう。

四大公害病

	病名	発生場所	原因物質	主な症状《しょうじょう》
A	新潟水俣病	阿賀野川《あがのがわ》流域	メチル水銀	手足のしびれ
B	イタイイタイ病	神通川《じんづうがわ》流域	カドミウム	骨がもろくなる
C	四日市ぜんそく	四日市市	亜硫酸《ありゅうさん》ガス	ぜんそく
D	水俣病	水俣湾付近	メチル水銀	手足のしびれ

3 確認《かくにん》テスト

答え

[1] ① **イ**

② **エ**

③ POS システム

④ **イ**

⑤ （例）個人の情報が流出する可能性《かのうせい》がある。

⑥ 地産地消

[2] ① （例）太陽の光

② ① 根

② 土［地面，山の斜面］

③ 木質バイオマスエネルギー［木質バイオエネルギー］

[3] ① **ウ**

② A **イ** B **エ** C **ア** D **ウ**

考え方

[1] 情報について考える問題です。わたしたちの生活には，さまざまな情報が欠かせません。

① 新聞にも天気予報はのっていますが，テレビ以外で最新の気象情報を調べるのであればインターネットが適しています。

テレビ 	・映像《えいぞう》と音声で伝える。 ・子どもからお年寄《よ》りまで手軽に利用できる。
ラジオ 	・音声で伝える。 ・車の運転や家事など，他の作業をしながら聞くことができる。
新聞 	・文字と写真で伝える。 ・切りぬいて保存《ほぞん》ができる。 ・持ち運びができる。
雑誌《ざっし》 	・文字と写真で伝える。 ・写真やイラストが多く，わかりやすい。 ・持ち運びができる。
インターネット 	・文字や映像などで伝える。 ・パソコンやスマートフォンなどで，情報をいつでもに調べることができる。

② ニュース番組では，記者やカメラマンが取材してきたことを正確に伝えることが大切です。まちがった情報は，人々の生活に悪いえいきょうをあたえる可能性《かのうせい》があります。

③ 商品を買うときに読み取ったバーコードから売れた商品やその数がデータとして記録され，またポイントカードなどに登録されている個人情報や，レジで入力された性別《せいべつ》・年れいなどのさまざまな情報がコンビニエンスストアの本部に送信されます。これらの情報をもとに，工場で作られる商品に売り切れや余《あま》りが出ないように数を調整したり，新しい商品開発が行われたりしています。

④ インターネットは情報を得《え》るだけでなく，SNS などを使えば簡単《かんたん》に発信することもできます。しかし，勝手に他人を名乗ったり，他人をきずつけたり，不確《ふたし》かな情報を発信したりすることはしてはなりません。

⑤ クレジットカードを利用すると，ネットショップ側の不手際《ふてぎわ》で個人情報が流出する可能性などがあります。その場合，他の人に悪用される危険性《きけんせい》があります。

「個人情報の流出」に関する内容が書かれていれば正解《せいかい》です。

⑥ 他の地域《ちいき》で生産されたものよりも，なるべく住んでいるところの近くで生産された食料を消費することを「地産地消」といいます。輸送《ゆそう》するエネルギーを減《へ》らせるので，環境《かんきょう》にやさしいと言われています。

[2] 森林について考える問題です。森林にはどのようなはたらきがあるのか確認《かくにん》しておきましょう。

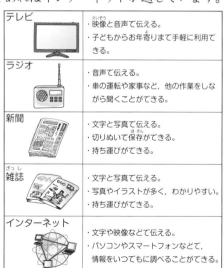

1　「日光」，「日の光」なども正解です。間ばつをしないと，太陽の光が木々にじゅうぶんに当たらないため，木の生育が悪くなります。木を育てるのには長い年月が必要です。近年は林業で働く人の数が減《へ》っていたり，高れい化が進んでいたりすることが問題になっています。

林業従事者数の変化

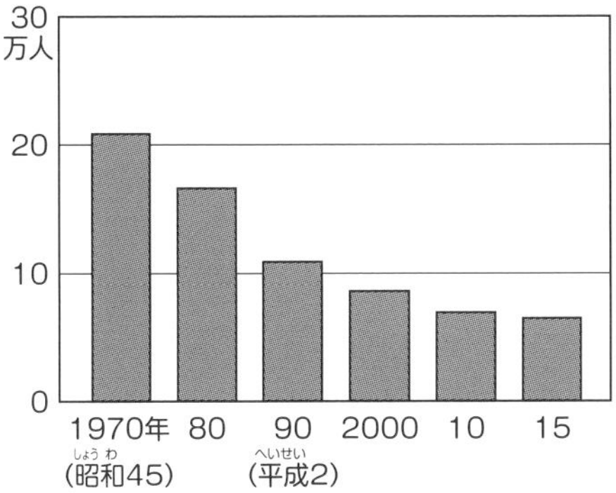

矢野恒太記念会『数字で見る日本の100年』

2　森林は「緑のダム」ともいわれ，雨水をたくわえて，山くずれや洪水《こうずい》を防《ふせ》ぐ働きがあります。しかし，木をばっ採《さい》した山では土砂《どしゃ》くずれが起きやすくなります。

3　建築用《けんちくよう》として利用できない木材などが，燃料に利用されています。

3　自然災害について考える問題です。自然災害はいつ発生するかわかりません。みなさんも事前に防災対策《ぼうさいたいさく》をしておきましょう。

1　自然災害の年表と地震《じしん》発生件数《けんすう》のグラフを読み取る問題です。

アについて，年表から2011年に東日本大震災が発生していることがわかりますが，グラフを見ると2015年から地震は増え続けてはいないので，正しいとは言えません。

イについて，年表から2014年と2015年は噴火《ふんか》が起きていますが，グラフから地震の発生件数は他の年と比《くら》べると多くないことがわかるので，正しいとは言えません。

エについて，まずは年表から平成28年熊本地震があったのは2016年とわかります。次にグラフから，2017年以降《いこう》の3年間分の地震の合計は5768回，2016年は6587回ということがわかります。5768は，6587の2倍以上ではないので，正しいとは言えません。

ウについて，東日本大震災が発生した2011年の次の年，つまり2012年から2015年までの4年間は地震発生件数は減っていたことがわかるため，正解です。

2　**A**の大雨について，特に都市部は大雨のときに地下に川の水を流すことができる施設《しせつ》がつくられています。

Bのなだれについて，なだれ防止さくなどを設置《せっち》して山の斜面《しゃめん》から雪が落ちてこないようにしている地域があります。

Cの噴火について，噴火したとき，頂上《ちょうじょう》付近では落ちてくる石や岩などから身を守る場所が少ないため，がんじょうにつくられた避難《ひなん》場所が設置されている山があります。

Dの地震について，学校などの公共施設では建物がたおれないように改修工事が行われています。

1 確認《かくにん》テスト

答え

1 **イ→ア→ウ**

2 〈例〉

Yes, I do.

No, I don't.

No, I don't. I don't like sports.

3 （ピアノをひく）たくや

（料理をする）りか

（速く走る）ゆり

4 火曜日　　水曜日　　木曜日

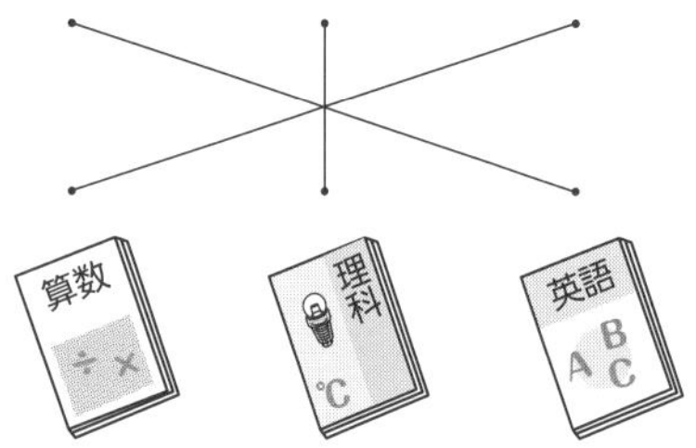

5 （起きる時間）**ア**

（ねる時間）**ウ**

6 〈例〉

I eat breakfast at seven.

7 **ア**，**エ**（順不同）

8 ゆり：（好きな教科）算数

（将来《しょうらい》の夢《ゆめ》）先生

たくや：（好きな教科）体育

（将来の夢）野球選手

考え方

1

イ Hello.「こんにちは。」→**ア** My name is Miki.「わたしの名前はみきです。」→**ウ** Nice to meet you.「はじめまして。〔お会いできてうれしいです。〕」の順に読まれました。

音声を聞くときは，英文の最初の音に注意して聞きましょう。

2

Do you like tennis?「あなたはテニスが好きですか？」という質問《しつもん》に答える問題です。テニスが好きなら，Yes, I do.「はい，好きです。」と答えます。テニスが好きでなければ，No, I don't.「いいえ，好きではありません。」と答えましょう。「いいえ」と答えた場合は，I don't like sports.「わたしはスポーツが好きではありません。」や I like soccer.「わたしはサッカーが好きです。」のように，情報《じょうほう》をつけたして答えることで，あなたのことを相手によりよく伝えることができます。

3

りか：Hi. I'm Rika. I can cook well.「こんにちは。わたしはりかです。わたしは上手に料理ができます。」

たくや：Hi. I'm Takuya. I can play the piano.「こんにちは。ぼくはたくやです。ぼくはピアノをひけます。」

〈play＋the＋楽器〉は「～を演奏《えんそう》する」という意味です。

ゆり：Hi. I'm Yuri. I can run fast.「こんにちは。わたしはゆりです。わたしは速く走れます。」

run fast は「速く走る」という意味です。

4

けんた：Hi, Aya.「あや，こんにちは。」

あや：Hi, Kenta.「けんた，こんにちは。」

けんた：Do you have science on Tuesday?「きみは火曜日に理科があるの？」

あや：No, I don't. I have science on Wednesday.「いいえ，ないよ。理科は水曜日にあるよ。」

けんた：Do you have math on Thursday?「きみは木曜日に算数があるの？」

あや：Yes, I do. On Tuesday, I have English.「うん，あるよ。火曜日には，

英語があるよ。」

あやは，火曜日に「英語」，水曜日に「理科」，木曜日に「算数」があると言っています。

※単語を確《たし》かめよう⇒曜日　49 ページ

5

さき：What time do you get up, Takeru?
「たける，あなたは何時に起きるの？」

たける：I get up at seven. How about you, Saki?「ぼくは7時に起きるよ。さき，きみは？」

さき：I get up at six thirty. What time do you go to bed?「わたしは6時半に起きるよ。あなたがねるのは何時なの？」

たける：I go to bed at nine.「ぼくは9時にねるよ。」

What time do you ～？は「あなたは何時に～しますか？」とたずねる表現《ひょうげん》です。たけるは，起きるのは「7時」，ねるのは「9時」と言っています。get up は「起きる」，go to bed は「ねる」という意味です。

※単語を確かめよう⇒時刻　48 ページ

6

（質問）I eat breakfast at six thirty. What time do you eat breakfast?「わたしは6時半に朝食を食べます。あなたは何時に朝食を食べますか？」

〈解答例《かいとうれい》〉I eat breakfast at seven.
「わたしは7時に朝食を食べます。」
I eat breakfast at seven thirty.
「わたしは7時半に朝食を食べます。」

What time do you～？と朝食を食べる時《じ》刻《こく》をたずねられているので，I eat breakfast at～．を使って答えます。

時刻を伝えるときは，〈at＋時刻を表す数〉を使います。「7時半に」と言うときは，thirty「30」を使って，at seven thirty のように伝えます。

また，At eight.「8時に。」のように時刻だけで答えることもできます。

7

（女の子の作文）

My friend, Takashi「わたしの友達，たかし」

This is Takashi.「こちらはたかしです。」

He is my friend.「彼《かれ》はわたしの友達です。」

ア He can play the piano well.
「彼は上手にピアノをひけます。」

エ He is smart.「彼は頭がいいです。」

He is my hero.「彼はわたしのヒーローです。」

イラストにあてはまるものを選びます。

イの He is good at cooking. は
「彼は料理が得意です。」，
ウの He can swim well. は
「彼は上手に泳げます。」という意味です。

8

（ゆりのスピーチ）

Hi. I'm Yuri. I like math. I want to be a teacher.「こんにちは。わたしはゆりです。算数が好きです。わたしは先生になりたいです。」

（たくやのスピーチ）

Hi. I'm Takuya. I like P.E. I want to be a baseball player.「こんにちは。ぼくはたくやです。体育が好きです。ぼくは野球選手になりたいです。」

2 確認《かくにん》テスト

答え

1 **イ**

2 りな　　たくや　　えり

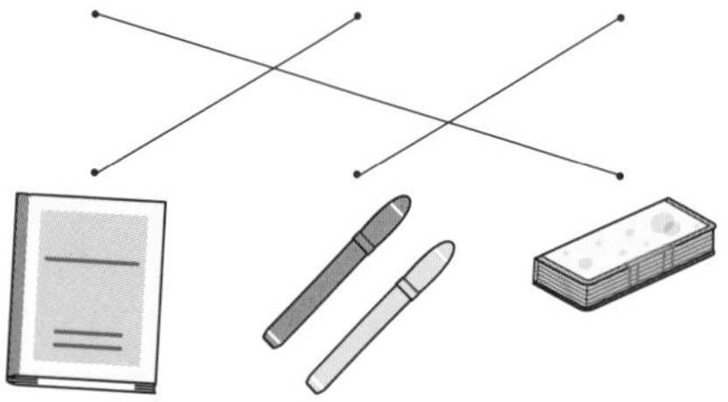

3 **ウ**

4 **ウ**

5 〈例〉

You can see Mt. Fuji. It's beautiful.

6 〈例〉

I'd like two hotdogs and an orange juice.

Two hotdogs and an orange juice, please.

7 **イ**

8 **ア**

考え方

1

女の人：Excuse me. Where is the post office?「すみません。郵便局《ゆうびんきょく》はどこですか？」

ゆうた：Go straight. And turn right at the third corner.「まっすぐ行ってください。そして，3つ目の角を右に曲がってください。」

★の地点から，「まっすぐ行って，3つ目の角を右に曲がったところ」の**イ**が郵便局になります。

2

先生：Rina, what do you have in your bag?「りなさん，あなたはかばんの中に何を持っていますか？」

りな：I have a pencil case.「わたしは筆箱を持っています。」

先生：Takuya, what do you have in your bag?「たくやさん，あなたはかばんの中に何を持っていますか？」

たくや：I have a notebook.「ぼくはノートを1さつ持っています。」

先生：Eri, what do you have in your bag?「えりさん，あなたはかばんの中に何を持っていますか？」

えり：I have two markers.「わたしは2本のマーカーを持っています。」

What do you have in ～?「あなたは～に何を持っていますか？」と聞かれているので，「ものの名前」に注目して聞きましょう。

3

まき：How much?「いくらですか？」

店員：It's three hundred yen.「300円です。」

まき：Here you are.「はい，どうぞ。」

店員：Here's your change. Thank you.「おつりです。ありがとうございます。」

まきのHow much?「いくらですか？」に対して，It's three hundred yen.「300円です。」と店員が答えています。

4

サラ：Hi, class. I'm Sarah. Look at this, please. This is my hero. He is my father. He is a doctor.「クラスのみなさん，こんにちは。わたしはサラです。これを見てください。この人がわたしのヒーローです。彼《かれ》はわたしの父です。彼は医者です。」

He is ～. は「彼は～です。」という意味です。my father「わたしのお父さん」や

a doctor「医者」を聞き取りましょう。

5

メアリー：I want to go to Japan.「わたしは日本へ行きたいです。」

〈解答例《かいとうれい》 1〉 You can see Mt. Fuji. It's beautiful. 「富士山《ふじさん》を見ることができます。きれいですよ。」

〈解答例 2〉 You can go to Kyoto. It's nice. 「京都に行くことができます。すてきですよ。」You can see many temples. They are great. 「お寺を見ることができます。すばらしいですよ。」

まず，You can ～.「あなたは……できます。」と伝えましょう。そのあとにそれについてくわしく伝えましょう。

6

（質問《しつもん》）What would you like?「何にしますか。」

〈解答例 1〉 I'd like two hotdogs and an orange juice.

〈解答例 2〉 Two hotdogs and an orange juice, please. どちらも「ホットドッグ2つとオレンジジュース1つお願いします。」

I'd like ～は I would like ～を短くした形で，「～がほしいです」という意味です。

7

I want to go to the USA. I want to visit New York. I want to eat hamburgers. 「わたしはアメリカに行きたいです。わたしはニューヨークをおとずれたいです。わたしはハンバーガーを食べたいです。」

go to the USA は「アメリカ合衆国《がっしゅうこく》に行く」，visit New York は「ニューヨークをおとずれる」，eat hamburgers は「ハンバーガーを食べる」という意味です。

8

（案内板）Welcome to Midori Park! Turn right at the station. You can see it on your left.「みどり公園へようこそ！駅のところで右に曲がってください。そうすると左手に公園が見えます。」

★の地点から駅まで進み，そこで右に曲がると，左手に公園があることがわかります。

語を用いずに「聞きました」とするのが正しい表現です。
③「いただく」は、「食べる」「もらう」のけんじょう語です。動作の主体は（わたしの）父で、先生に対する敬意を表すので、正しく使われています。
④「おっしゃる」は「言う」の尊敬語なので、身内である父の行動に用いるのはまちがいです。先生に対して敬意を表す必要があるので、「言う」のけんじょう語の「申して」が正しい表現です。

5

（1）——①の「なにもしないでいい」と、7行目の「ムリしなくていい」は同じ意味で用いられています。11～13行目で力《りき》がなぜムリしなくていいのかを説明しています。この部分の表現を使ってまとめましょう。

（2）A を含む7～13行目で、力は自分はがんばらなくていい理由を自まん気に語っています。この部分からは、体が弱いわけではない兄の「ぼく」とちがって自分ががんばらなくてもいい特権《とっけん》をもっているのだという得意《とくい》げな様子が読み取れます。したがって、A には「ニカッと」が入ります。そのような力の態度《たいど》に対し、B で、「こいつはいつもこれだ」と、「ぼく」ははら立たしい気持ちをいだいています。「ぼく」としては、両親の言うこともわかるけれど、だからといって何から何まで〈ぼくはやらなくていいの〉と得意げに言う力に納得《なっとく》できない気持ちがあるのです。したがって、「ムカッと」が入ります。

（3）1行目、17～19行目にあるように、「ぼく」は力に対して、熱が出るほどでなくてもいいから、それなりに勉強したほうがいいのではないかと伝えています。ふだんは力から拒絶《きょぜつ》されるとそこであきらめてしまうのですが、今日はこれまで何を言ってもムダだったことも全部ふくめて、勉強したほうがいいということをきちんと力に伝えたいと思っているのです。

（4）最後の段落《だんらく》にまとめられているように、力が「ぼく」にぶたれたことをいまだに覚えていることに対して「ぼく」はおどろいています。自分は「手かげんはしたつもりだった（50・51行目）」のに、たたかれたほうの力はいまだにはっきり覚えているということにおどろいているのです。

（5）人物の性格《せいかく》はその人物の言ったことや行動に現《あらわ》れます。ここでは、特に力の発言を中心に性格を考えてみましょう。力の発言には「いいんだよ、ぼくは。ムリしなくてもいいの。（7行目）」「うるさいなあ。（20行目）」などがあり、常《つね》に自分はできなくても仕方ないと、物事に消極的で開き直っている性格が読み取れますね。

5 確認《かくにん》テスト

答え

1 (1) 近眼 (2) 余白 (3) 条件 (4) 防災 (5) 再生 (6) 枝豆 (7) 停車 (8) 率 (9) かわら (10) そしつ

2 (1) **イ**・行く
(2) **ウ**・電話

3 (1) お見せする (2) 書きます

4 ② 聞き ④ 申して

5 (1) (例) (力《りき》は) 無理をさせるとすぐに熱が出てしまうから。
〈まるつけのポイント〉
□「ムリをすると熱が出ちゃう」という力のセリフに着目して書けている。
□「〜から」「〜ので」など、理由を表す文末表現で書けている。
(2) **イ**
(3) (例) (自分なりに) 少しは勉強した方がいいのではないかということ。
〈まるつけのポイント〉
□力に「勉強」をすすめるという内容が書けている。
(4) **ウ**
(5) **エ**

考え方

2 敬語《けいご》の問題は、「どのような行動を」「だれが」「だれに対して」行っているのかを考えることが大切です。相手の行動には尊敬語《そんけいご》、自分の行動にはけんじょう語を使います。「お・ご」などを名詞《めいし》につけるていねい語もあります。
(1) 「うかがう」は「聞く・たずねる・行く」という三つの意味をもつけんじょう語です。この場合は、「行く」のけんじょう語として使われています。
(2) 「お電話」のように「お・ご」を名詞につけたものはていねい語です。

3 (1) まずは作品を見せるのはだれかを考えます。自分が先生に見せるので、「見せる」をけんじょう語にして「お見せする」とします。
(2) 「書く」に「ます」をつけて「書きます」というていねい語にします。

4 この文章では「わたし」「(わたしの)父」「先生」の三人が登場します。話し手は「わたし」なので、「先生」に対して敬語表現《ひょうげん》を使います。家族などの身内に対しては敬語表現を使いません。――の行動の主体がだれなのかを考えながら、適切《てきせつ》な敬語表現かどうかを判断《はんだん》します。
① 「めしあがる」は「食べる」の尊敬語です。「めしあがる」のは「先生」なので、正しく敬語が使われています。
② ここでの「うかがう」は、「聞く」のけんじょう語です。ここで「うかがう」を使うと、身内である父に敬意を表していることになってしまいます。よって、けんじょう

5

(1) 「最小公倍数」とは、〈二つ以上の正の整数に共通する倍数の中で一番小さな同じ数〉のことで、ここでは〈太陽と月のことなる周期がぴたりと重なる一番短い期間〉ということです。——①をふくむ一文の最初に「つまり」とあることから、この段落《だんらく》の前半に書かれた内容《ないよう》が「最小公倍数」の説明になっていることがわかります。

(2) [A]の前には、古代の為政者《いせいしゃ》（王）は、天の変化を予言して民衆《みんしゅう》に知らせてけんいを保《たも》っていたことが書かれています。これに対して[A]の後には、中国のこうていが「時をも支配《しはい》する存在《そんざい》」であるという具体例が挙げられています。したがって、「たとえば」が入ります。
[B]の前にはこよみが農業や政治《せいじ》に使われていたことが書かれており、後には天文学と政治が古代には一体化していたことが書かれています。前の内容が後の内容の理由になっているので、理由を表す接続語《せつぞくご》である「だから」が入ります。

(3) 「現実的《げんじつてき》」とは、〈現実の様子にぴったりとあっている様子〉という意味です。——②をふくむ[4]段落には、政治的にもこよみは意味をもっていましたが、それよりもっと実用的な面で、こよみを使えば実際《じっさい》に利益《りえき》がもたらされるということが書かれています。これが「現実的な理由」、つまり実際にもたらされる利益にあたります。農業をするのに、梅雨《つゆ》や台風の時期をはあくできれば、川がいつはんらんするのかを予測《よそく》することができます。川のはんらんはしゅうかく量を左右する非常《ひじょう》に重要な情報《じょうほう》です。為政者（＝政治を行う者）がこれをはあくすることで、しゅうかく量は安定し、結果として、民を養うことにつながります。前後の表現とのつながりを考えて内容をしぼりこんでいきましょう。

(4) 問題文と選択肢《せんたくし》を照らし合わせて正誤《せいご》を判断《はんだん》していきましょう。
アは、動物が太陽の動きを時間観念の基本《きほん》においていることは、[5]段落でふれられていますが、「人間よりもずっと早い段階から」ということは述《の》べられていません。
イは、太陽の動きが人間と動物の両方にえいきょうをあたえていることは、[5]・[6]段落で述べられています。さらに、太陽の動きにそった大雑把《おおざっぱ》な時間の概念《がいねん》が「1日」、そこから「『1分』『1秒』という細かい時間の概念」につながっていったということが、[6]段落からわかります。よって、これが正解《せいかい》です。
ウは、[5]・[6]段落から、人間や動物が太陽の動きを時間観念の基本とし、そこから「1日の長さや季節の移《うつ》ろい」を知ったと書かれています。細かい時間よりも動物の生活周期のほうが先に生まれていることがわかるので、まちがいです。
エは、[1]段落に「人類最初の時計」は「こよみ」であると書かれています。「1分」「1秒」という細かい時間の概念は、こよみの後に成立したとあります。「こよみ」と「細かい時間」、どちらが先にできたかが逆《ぎゃく》になっているので、まちがいです。

4 確認《かくにん》テスト

答え

1
(1) 点検　(2) 歴史　(3) 手術　(4) 手製
(5) 団地　(6) 適正　(7) 時報　(8) 招待
(9) めんか　(10) ぎゃくりゅう

2
(1) **ウ**
(2) **イ**

3
(1) **ウ**
(2) **ア**

4
(1) 明日　(2) 七夕　(3) 今朝
(4) ことし　(5) ふたり　(6) まいご

5
(1) (例) ことなる周期
(2) **ウ**
(3) しゅうかく量を左右する・民を養っていく
(4) **イ**

考え方

2 熟語《じゅくご》の組み立ては、一字ずつ区切ったうえで訓読みしたり、同じ漢字を使った別の熟語を考えたりして、それぞれの漢字の関係を考えましょう。

(1) 増減《ぞうげん》は「増《ふ》える」「減《へ》る」で、反対の意味の漢字の組み立てです。同じ組み立ては、**ウ**「往復《おうふく》」です。「往復」は、「往（「行き」という意味）」と「復（「帰り」という意味）」の反対の意味の漢字の組み合わせです。

(2) 高速は「高い」「速度」で、上の字が下の字を修飾《しゅうしょく》している組み立てです。同じ組み立ては、**イ**「黒板」で「黒い」「板」で上の字が下の字を修飾しています。

3 「十人十色」は〈人それぞれ考え方や好み、性質《せいしつ》がことなる〉という意味の四字熟語です。「クラス全員にどんな遊びが好きかという質問をすると、まさに十人十色な答えが返ってきた」などのように使われます。

4 (1)〜(6)のような、特別な読み方をする熟語を「熟字訓《じゅくじくん》」とよびます。普通《ふつう》は漢字一字ごとに読みがあり、それが組み合わさって熟語となりますが、熟字訓は熟語全体で決まった読み方をします。熟字訓の読みを、一字ごとにわり当てられた読みとまちがえないようにしましょう。たとえば「果物《くだもの》」という熟字訓を考えると、「物」には「もの」という読みもありますが、「果物」全体で「くだもの」と読むと決まっているので、「果」を「くだ」と読むわけではありません。このように、熟字訓でも、一部の字には特定の読みがわり当てられているように感じるものもあるので注意しておきましょう。

た」などのように使われます。

(2)「馬の耳に念仏《ねんぶつ》」は、馬に念仏を唱えても、馬は何もありがたく思わないということから、〈意見を言っても少しも効《き》き目《め》がないこと〉という意味になります。「かれに何を言っても馬の耳に念仏だから、言うだけむだだよ」などのように使われます。

4

(1) それぞれの[A]の前後にある「おびえる」「用心している」「こわい」という言葉から、こわがっている様子を表す言葉が入るとわかりますので、**ウ**「びくびく」が正解《せいかい》です。**イ**「めそめそ」は〈弱々しく泣く〉〈意気地がない〉という意味で、二つ目の[A]の後にある「用心している」に合いません。

(2) ——①「最初の食いちがい」の直前に「こういう」とあります。まず、「こういう」の指し示《しめ》す内容《ないよう》を明らかにします。「こういう」は[5]段落《だんらく》に書かれている具体例を指していて、最初に自分が相手（犬）をこわいと思い、けいかいしている気持ちが相手（犬）にも伝わって、相手は相手で自分のことをけいかいするようになる、ということです。ここでは、自分が相手に対してどのように感じているかを答える必要がありますが、「こわい」は五字という字数に合いません。そこで、「こわい」に似《に》た意味の五字の言葉をさがすと、[4]段落の「おそろしい」という表現《ひょうげん》を見つけることができます。

(3) [5]・[6]段落では、人間が発する「けいかいのパルス」によって犬がほえ、ほえられた人間はよけいに「けいかいのパルス」を発するというように、人間の「けいかい」の気持ちが犬の「けいかい」の気持ちを強めることが書かれています。一方で、[7]・[8]段落では、「こわくなくなって」きて「犬に興味《きょうみ》が出てくる」と、犬も「けいかい」する様子を見せなくなることが書かれています。この内容をふまえて、指定された言葉を使って答えましょう。

また、理由をきかれていますので、文末は「〜から。」で結ぶようにして答えます。解答欄《かいとうらん》の大きさは、解答の文字数の目安になります。解答欄の大きさに合わせて文字数を調整しましょう。

(4) 筆者はこの文章で、子供《こども》のときは犬がこわかったのが、大人になって平気になったという感じ方の変化を通して、自身と犬の関係性《かんけいせい》について考察をしています。こわがったりきらいになったりするのは、ちょっとした感情《かんじょう》、何とはなしの相性《あいしょう》みたいなことではないかと考えていて、最終的には民族の融和《ゆうわ》も同じことではないかと結んでいます。よって**ウ**が正解です。

アは、筆者は、けいかい心をなくすとどうなるか、ということを犬とのかかわりを通して述《の》べていて、けいかい心を持つべきだとは言っていません。

イは、筆者は、子供のときこわかった犬が、大人になって平気になったと述べているので、まちがいです。

エは、犬が人の気持ちの変化を読み取れるという内容が問題文には書かれていません。

3 確認《かくにん》テスト

答え

1
(1) 厚　(2) 応用問題　(3) 禁句　(4) 会費
(5) 事務　(6) 編　(7) 暴力
(8) 気象予報士　(9) こうしゃ　(10) えいじゅう

2
(1) たね
(2) たな
使い方をまちがえているもの　(4)・(6)

3
(1) 九・一／**ウ**
(2) 馬・耳／**イ**

4
(1) **ウ**
(2) おそろしい
(3) (例) 相手が自分に興味を持っていると感じて、犬も相手をけいかいする気持ちがうすれるから。
〈まるつけのポイント〉
□指定されている「興味」「けいかい」という言葉を使って書けている。
□「興味」を持ってくれる人に対しては、犬も「けいかい」する気持ちが弱くなる、ということが書けている。
□「〜から」「〜ので」など、理由を表す文末表現で書けている。
(4) **ウ**

考え方

2
(1) 「まかぬたねは生えぬ」は、「まかないたねは生えない」ということなので、〈原因《げんいん》があるからこそ結果は出る〉という意味になります。「まかぬ」「生えぬ」の「ぬ」は、「まかない」「生えない」という打ち消しの意味です。
(2) 「たなからぼたもち」は〈苦労せずに、思いがけない幸運がやってくる〉という意味です。
(3) 「はら立たしい」は、〈おこり出したくなる気分〉という意味なので合っています。
(4) 「気が晴れて（気が晴れる）」は〈気分がすっきりする〉という意味です。「でも、結局何もやらないでいるのは」とあるので、やらないことがうしろめたいという文脈《ぶんみゃく》になりますので、「気が晴れて」を使うのはまちがいです。この場合は「気がめいる」などを使うとよいですね。
(5) 「好きこそものの上手なれ」は、〈好きでやっていることは自然と上達する〉という意味です。ここでは、進んで努力することで物事がうまくいく、という意味で用いられているので合っています。
(6) 「能《のう》あるたかはつめをかくす」は、〈能力のある人こそ、それを表に出さない〉という意味のことわざです。楽観的な弟が落ちこむことがある、という文脈なので、ことわざの意味とは合いません。

3
(1) 「九死に一生を得《え》る」は、〈ほぼだめだろうという状況《じょうきょう》からなんとか助かる〉という意味のことわざです。「ひどいけがだったが、適切《てきせつ》な応急処置《おうきゅうしょち》によって九死に一生を得

ることと、「あたしは一人ぼっちなんだからね」と今の自分自身のことを考えていることから、「これから」のことを考える段階《だんかい》ではないことがわかります。「これからどうしようか」という内容《ないよう》とは合いません。

エ「くよくよしても仕方がない」とありますが、不満をぶつけているわけなので、仕方がないとあきらめている様子とは合いません。

(2) ——②の最初に「でも」という逆接《ぎゃくせつ》の接続語《せつぞくご》があることに注目しましょう。この前と後で「あたし」の気持ちがすっかり変わっています。

① 帰ってこないママに対する気持ちとして、——②の直前の34行目に「はらを立てたまま」という表現《ひょうげん》が、また、さらに前の15行目には「いらだち」という表現があります。意味は同じなので、どちらかを使って解答《かいとう》を作りましょう。

② 「あたし」の気持ちは、いらだちから後悔《こうかい》、と変化しています。何について後悔しているのかを意識《いしき》して本文を読み進めると、37・38行目に「あたしのせいかもしれないと思ったからだ」という表現が見つかります。「あたし」は、ママに対するこれまでの自分のふるまいを思い返して、後悔しているということがわかります。

(3) 選択肢《せんたくし》の内容が問題文のどのあたりの内容をもとに書かれているのかをつかんだうえで、必ず問題文と選択肢を見比《くら》べて正誤《せいご》を判断《はんだん》しましょう。

イの内容は14行目から23行目にある内容と合っています。これが正解。

ア「学校にちこくした」とありますが、本文の2・3行目に書かれているように「ちこくしそうになった」だけで、本当にちこくしたわけではありません。

ウ「受け入れようとしている」とありますが、ママに対するこれまでの自分のふるまいを反省しただけであって、明日ママが帰ってこないかもしれないという現実を「あたし」自身が受け入れようとしている様子は書かれていません。

エ「久《ひさ》しぶりにたっぷりあまえたい」とありますが、それまであまえ放題だった自分のせいでママが病気になってしまったのではないか、と後悔していることから考えると、病院から帰ってきたママにたっぷりあまえたいと思っている、と判断することはできないでしょう。

2 確認《かくにん》テスト

答え

1
(1) 液体 (2) 解 (3) 飼・主 (4) 職員
(5) 貯金 (6) 保育園 (7) 習慣 (8) 許可
(9) ひたい (10) さかいめ

2
(1) 挙げる
(2) 混じる
(3) 写す

3
(1) ア 意外 イ 以外
(2) ア 対象 イ 対照
(3) ア 容易 イ 用意

4
(1) イ
(2) ① (例) はらを立てて（いらだって）
〈まるつけのポイント〉
□「はらを立てる」または「いらだつ」という言葉を使って書けている。
② ママが病気
(3) イ

考え方

2
(1) 「上げる」は〈上に移動《いどう》させる〉、「挙げる」は〈示《しめ》す〉、という意味をもっています。
(2) 「混《ま》じる」は、「白と黒の絵の具が混じる」のように、とけあって元の物との判別《はんべつ》がつかなくなるときに使います。「交じる」は、「大人が子どものなかに交じる」のように、元の物（ここでは子ども）が判別できるときに使います。
(3) 「写す」は同じように書きとるときに、「移《うつ》す」は移動させるときに使います。

3
それぞれ、意味だけでなく用例といっしょに覚えるようにしましょう。
(1) ア「意外な結果におどろく。」、イ「わたし以外の人が参加した。」のように使います。
(2) ア「小学生を対象にした雑誌《ざっし》。」、イ「文字と図表を対照する。」のように使います。
(3) ア「わたしにとってその問題は容易だ。」、イ「発表会の用意をする。」のように使います。

4
(1) ――①の一つ前の文に「思いつくぜんぶの不満をあらい物にぶつけた」とあることから、家事や兄とのやりとりで、自分だけに負担《ふたん》がかかっているように感じる日々に対していらいらしている様子が読み取れます。正解は**イ**。
ア「すっかり不満がなくなって」は、ママが帰ってこないためにいろいろなことをしなくてはならない「あたし」の状況《じょうきょう》と合いません。
ウ――①までの言動から今の状況に強い不満を感じてい

会があるので、まだ下校しないでください」と、前のことがらから予想されることとは逆《ぎゃく》の内容を述《の》べているので、逆接の「けれども」が正解です。

4

(1) 主語の「弟が喜《よろこ》んだの（理由）は」に対応《たいおう》するように、文末の述語は「～からです」という形に整えます。ここでは、「～から」につながるように、「あげました」を「あげた」と書きかえます。

(2) 前半の「言いたいのは」に対応するように、文末の述語を「～ということです」という形にします。後半部分を「朝は早く起きるべきだということです」と書きかえます。

5

(1) 筆者はこの文章で、日本で米が主食となった理由を中心に、米づくりにより日本がどう変わったかを説明しています。

(2) ①米づくりが広がっていったことが書かれた5～11行目に注目して、ここを要約《ようやく》します。10行目の「こうした場所」の指し示《しめ》す内容を明らかにしてまとめます。

②「米づくりが中心になって日本に起こった変化」については、26～34行に書かれています。32行目の「また」の前後の内容をどちらももらさずにまとめましょう。

(3) 指示語《しじご》の問題は、指示語をふくむ一文をよく読んで、指示語と入れかえられる内容を前の部分からさがします。

――②をふくむ一文は「これは日本以外の東南アジアの国々をみてもわかります」となっているので、日本以外の東南アジアの国々の特徴《とくちょう》から日本の特徴がわかるということをふまえて直前の部分を読み直しましょう。――②の直前に「日本で米づくりといえば、ほとんどが水稲《すいとう》なのです」とあります。この内容と、――②の次の文の「東南アジアの国々はアジアモンスーンという同じ気候で、水稲を中心にお米を主食にしています」という内容は重なるので、「これ」を一言で説明すると、米づくりが「水稲が行われていること」となることがわかります。「水稲」の特徴については、20・21行目で「連作障害《しょうがい》はほとんど問題となりません」と説明されています。「水稲」と「水田さいばい」は同じ意味なので、空欄《くうらん》後にある「ほとんど問題にならない」のは「連作障害」だとわかります。

(4) 問題文の内容として正しいものを選ぶ問題では、必ず本文にもどって、どの部分と選択肢《せんたくし》の内容が対応しているかを確認しておくようにしましょう。

ウは、26・27行目に書かれている内容と合っています。

ア「毎年移動《いどう》をくり返した」とありますが、問題文には「移動した」とは書かれていません。「主食にするためには、耕作地《こうさくち》となるかぎられた土地で毎年作られ（16・17行目）」るために、「連作障害はほとんど問題とな（20・21行目）」らない水稲が作られたとあることからも、米は同じ土地でくり返し作られていたと考えられます。

イ「他のものからエネルギーをとる必要がなくなった」とありますが、第三段落《だんらく》に「米だけでは、まだ、人びとの食料を満たすことができませんでした」とあるのと合いません。

エ「今の道具ほど使い勝手がよくなかった」とありますが、最後の段落に「形はつい最近まで使われていたものとほとんど変わっていません」とあるのと合いません。

1 確認《かくにん》テスト

答え

1 (1) 原因　(2) 定規　(3) 接近　(4) 告示
(5) 修学旅行　(6) 成績　(7) 応急　(8) 久
(9) けっぱく　(10) あんい

2 (1) **ウ**　(2) **ウ**

3 (1) だから　(2) けれども

4 (1) わたしのおもちゃをあげたからです。
(2) 朝は早く起きるべきだということです。

5 (1) **イ**
(2) ① (例) 川の下流で、水と豊かな栄養がある開けた場所。
〈まるつけのポイント〉
□川の下流の開けた場所ということが書けている。
□水と豊かな栄養があるということが書けている。
② (例) 共同作業の重要性が高まったことにより、集落はムラに発展してリーダーが生まれ、生活技術、食生活、信仰などに変化がもたらされ、稲作文化が生まれた。
〈まるつけのポイント〉
□共同生活の重要性が高まったことが書けている。
□集落がムラというより大きなものに変化してリーダーが生まれたということが書けている。
□稲作文化が生まれたということが書けている。
(3) 連作障害・水稲　(4) **ウ**

考え方

2 修飾語《しゅうしょくご》は、その後に出てきた言葉について、その内容《ないよう》をくわしく説明する言葉です。　　より後の言葉に一つずつつなげていって、意味が通るものをさがしましょう。
(1) まず、文の骨組《ほねぐ》みになっている主語と述語《じゅつご》をさがすと、「鳴き声は」「残った」が主語と述語の関係です。次に、それぞれと他の文節との関係を確認《かくにん》していきます。**ア**「遠くに」は「聞こえた」よりも前にあるので、対象《たいしょう》にはなりません。**イ**〜**カ**について、「聞こえたせみの」「聞こえた鳴き声は」「聞こえたいつまでも」「聞こえた耳に」「聞こえた残った」とつなげてみましょう。ここで「聞こえた」のは「（せみの）鳴き声」で、「鳴き声」をくわしく説明しているとわかるので、**ウ**の「鳴き声は」が正解《せいかい》です。
(2) この文は、「ジョンが（主語）」+「走り出した（述語）」と、「わたしは（主語）」+「追いかけた（述語）」の二つの要素《ようそ》から成り立っています。「急に」は、「犬のジョンが走り出したので」にふくまれる要素なので、**ア**、**イ**、**ウ**につなげて、「急に犬の」「急にジョンが」「急に走り出したので」で考えます。「急に」はジョンの行動をくわしく説明したものなので、**ウ**の「走り出したので」が正解です。

3 (1) 「がんばって練習した」という前の内容が、「うまくできた」という後の内容の理由なので、「だから」が正解です。
(2) 「今日の授業《じゅぎょう》は終わりです」という内容に続けて、「委員

メモ

■単元一覧

●丸数字の番号は，大問番号を表しています。
●教科書や『Z 会グレードアップ問題集』（別売り）などで復習する際は下記をご参照ください。

	第1回	第2回	第3回	第4回	第5回
算数	❶小数のかけ算の筆算 ❷小数のわり算の筆算 ❸小数の四則計算 ❹平均 ❺人口密度 ❻三角形の角度 ❼三角形と四角形の角度 ❽投票	❶分数のたし算とひき算 ❷分数の大小 ❸割合 ❹複雑な形の面積 ❺❻間違いを指摘して，正しい考え方を教える	❶偶数，奇数 ❷❸速さ ❹❺合同な図形 ❻多角形（サッカーボールの面）	❶❷円周の長さ ❸速さ ❹複雑な立体の体積 ❺展開図，体積 ❻論理	❶逆算 ❷倍数 ❸展開図 ❹砂時計で時間を測る
国語	❶漢字 ❷❸❹文の組み立て ❺説明文	❶漢字 ❷❸同音異義語・同訓異字語 ❹物語	❶漢字 ❷慣用句 ❸ことわざ ❹随筆	❶漢字 ❷熟語の組み立て ❸四字熟語 ❹特別な読み方をする熟語 ❺説明文	❶漢字 ❷❸❹敬語 ❺物語
理科	❶魚の育ち方 ❷植物の発芽 ❸雲と天気の変化 ❹もののとけ方	❶人の誕生 ❷電流の働き ❸ふりこの運動 ❹流れる水の働き	❶ふりこの運動（発展：斜面の運動） ❷植物の花 ❸台風 ❹電流の働き		
社会	❶日本の国土 ❷❸日本の気候 ❹日本の食料生産	❶日本の農業 ❷日本の輸出と輸入 ❸日本の工業	❶情報化した社会 ❷生活と環境 ❸自然災害への対策		
英語	❶自己紹介 ❷好きなスポーツ ❸できること ❹時間割 ❺起きる時間と寝る時間 ❻朝食を食べる時間 ❼友達の紹介 ❽将来の夢	❶道案内 ❷バッグの中に持っているもの ❸バッグの値段 ❹わたしのヒーロー ❺日本でできること ❻飲食店での注文 ❼したいこと ❽公園への行き方案内板			

Z-KAI